나는 작가다

나는 작가다

홍민진, 이기연, 이상주, 김상기, 김용, 박하영, 안미진, 임효빈, 석정민이 글을 쓰다.
치읓[치읓]출판사가 2018년 8월 24일에 처음 발행하고, 이혁백이 책을 총괄 기획, 편집하다.
홍민진, 정예림이 책을 편집하고, 이혁백, 김기준이 글을 다듬었다.
구한나가 책 마케팅을 담당하였고, 양진규(★규), 김경미가 책을 디자인하다.
2017년 10월 31일(제 000312호)에 치읓[치읓] 출판사가 등록되었고,
주소는 서울시 강남구 봉은사로33길 11 2층. 전화는 02-518-7191, 팩스는 02-6008-7197,
이메일은 240people@naver.com, 인터넷 카페는 www.shareyourstory.co.kr이다.

2018년 08월 24일 펴낸 책 (초판 1쇄)

값 15,000원
ISBN 979-11-963097-2-5

이 도서의 국립중앙도서관 출판예정도서목록(CIP)은 서지정보유통지원시스템 홈페이지(http://seoji.nl.go.
kr)와 국가자료공동목록시스템(http://www.nl.go.kr/kolisnet)에서 이용하실 수 있습니다. (CIP제어번호 :
CIP2018018387)

나는 작가다

두 번째 이야기

나의 생각을 글로 표현하는 극한의 자유

홍민진, 이기원, 이상주, 김상기, 김용, 박하영, 안미진, 임효빈, 석정인 지음

I'm a writer

책을 쓰는 순간 인생의 눈부신 변화가 시작 된다

"우리가 환난 중에도 즐거워하나니 이는 환난은 인내를, 인내는 연단을, 연단은 소망을 이루는 줄 앎이로다."

신약성경 로마서 5장 3, 4절 말씀이다. 이 구절은 내가 정말 좋아하고, 또 나의 삶에 있어 구원이 되었던 말씀이다. 종교적인 이유를 떠나, 굳이 9명의 작가들의 영광스러운 첫 책, 그 첫 페이지를 이렇게 시작하는 데에는 이유가 있다. 바로 옆에서 『나는 작가다: 두 번째 이야기』를 집필하는 과정을 지켜본 나로서는, 작가들의 모든 인고의 과정들이 이 구절이 말하는 뜻과 놀랍도록 닮았기 때문이다.

책을 쓴다는 것은 분명 쉬운 일이 아니다. 그 자체가 환난이라 할 정도로 쉽지 않은 여정이다. 그러나 이들 9명의 작가들은 그 고난의 여정을 각자의 방법으로 이겨냈다. 누구에게도 하지 못했고 할 수 없었던 이야기를 매일 꾸준히 네이버 카페 '책 쓰기로 인생을 바꾸는 사람들'에 올리며 초고를 완성해냈고, 그 여정의 각 과정마다 굴복하지 않는 인내로써 자신을 단련해 내었으며, 결국 그토록 바라던 자신들의 책을 손에 쥐게 되었다.

이들은 처음부터 '나는 작가다'라는 확신을 가지고 책을 쓰기 시작했을까? 단언컨대, 절대 아니다. 처음 그들을 만났을 때는 한 명도 예외 없이 다음과 같은 질문을 했다.

"이렇게 평범한 내가 정말 책을 써도 되는 걸까요?"

그들이 이러한 의문을 갖는 건 당연했다. 스스로를 평범하기만 여기던 자신들의 모습에서 그들은 도대체 어떻게 책을 쓸 수 있다는 확신을 가질 수 있었을까? 하지만 나는 그들에게 도전을 주었다. 바로 그러한 의문 때문에 책을 써야 한다고 말이다. 왜냐하면, 세상의 시선이 아닌 '나'의 시선으로 진정한 나를 바라볼 수 있는 유일한 방법이 바로 '책 쓰기'라는 것을 알고 있었기 때문이다.

사실 책을 쓰고 작가의 이름을 얻는다는 것은 그저 글을 쓰고 출판해 내는 단순한 작업이 아니다. 그건 그냥 인쇄물이고 출판물일 뿐이다. 나에 대한 고찰 없이 작가라는 이름을 얻어봤자 달라질 건 아무것도 없다. 오히려 책을 내지 않는 것만 못하다. 한 권의 책에는 반드시 작가가 가지고 있는 진심과 솔직한 경험이 담겨야 한다. 그래야만 독자들에게 공감을 끌어낼 수 있다. 그렇게 '작가'라는 이름을 얻는다.

세상에 똑같은 사람은 하나도 없듯이, 각자가 가지고 있는 경험의 가치도 다르다. 다만 아직 그 가치를 발견하지 못했기에 드러내지 못할 뿐이다. 여기 이 책 『나는 작가다: 두 번째 이야기』에는 9명의 작가들이 발견한 '경험의 가치'가 담겨 있다. 평범했던 그들만이 가질 수 있었던, 독자들을 웃게 하고 때론 울게 할 진솔한 이야기들이다. 책의 형태로 드러나지 않았다면 아직도 작가들의 과거 속에 묻혀 있을 뻔 했던 작가들의 진심(眞心)이다. 진심은 진심을 낳는다고 했다. 자신도 몰랐던 가치와 진심을 발견하는 것은 온전히, 이 책을 펼칠 독자 여러분의 몫이다.

2018년 8월 1일

출판 기획자, 책인사 대표 이혁백

나는 책 쓰기로 두 번째 인생을 시작하였다

소년은 초등학교 5학년 때 담임선생님이 내주신 일기 숙제를 시작으로 '글쓰기'라는 것을 접하게 된다. 그리고 중·고등학교 시절 교내 사생 글짓기 대회에서 운 좋게 우수상에 입상한다. 하지만 시간이 지날수록 글쓰기를 잊게 되고, 대학 졸업을 앞둔 시점에서야 다시 글을 쓰게 된다. 물론 짜깁기에 급급했던 학사 논문이었다. 그렇게 세월이 흘러 어느덧 40대 중반에 이르게 된 지금, 소년은 어린 시절의 꿈을 잃어버렸다는 사실조차 알지 못한 채 그저 하루하루를 살아가고 있다. 매일같이 직장에서 원치 않는 회의와 회식을 하고, 많은 업무와 각종 보고서에 파묻혀 고단한 삶을 이어가고 있다.

2010년 개봉한 이성범 감독의 〈아저씨〉라는 액션 영화에서 배우 원빈의 명대사를 나는 잊을 수 없다. "너희들은 내일만 보고 살지? 내일만 사는 놈은 오늘만 사는 놈한테 죽는다!" 세상에서 버림받았다고 생각하며 오늘만을 고독하게 살아가는 주인공의 절규 같은 대사이다.

그렇다. 소년이 어른이 되어 보니 내일(미래)이 아닌 오늘(과거)에 묻혀 꿈마저 잃고 살아왔다는 것을 알게 되었다. 그 누구도 그에게 꿈을 찾으라는 말을 해주는 사람이 없었다.

그러던 어느 날, 소년은 우연히 '책인사'(책 쓰기로 인생을 바꾸는 사람들)를 알게 되면서 글쓰기를 넘어 진정한 꿈을 찾게 된다. 그 소년은 무작정 작가가 되기로 마음먹는다. 자신이 경험한 실패조차 가치가 있는 글이 될 수 있음을 깨닫고 얼마나 가슴이 뛰었는지 모른다. 몇 번의 망설임 끝에 마음속 깊이 잠들어 있는 꿈을 찾기 위해 행동하기로 했다. 누군가는 뻔한 삶의 이야기라고 말할지도 모르지만, 일단 꺼내기 시작한다. "따분한 이야기잖아!", "재미없네."라고 말해도 좋다. 그래도 소년에게만큼은 특별하고도 소중한 인생 이야기이다. 소년은 평범하지만 특별한 이야기를 독자들에게 들려주고 싶어서 용기를 내었다. 그 소년이 바로 나다.

세계적인 베스트셀러 작가이자 성공학의 대가 지그 지글러(Zig Ziglar)는『오늘 변하지 않으면 더 이상 물러설 곳이 없다』에서 이렇게 말한다. "하루하루는 바로 우리가 살아가고 있는 전체의 인생 중 일부분이다. 그렇기 때문에 여러분은 소망이 가득한 삶을 누려야 한다."

『나는 작가다: 두 번째 이야기』는 당신에게 '뻔한 이야기', '흔한 이야기', '나와 비슷한 이야기'가 될 수도 있다. 하지만 책을 펼치는 순간 당신은 '특별한 열정과 꿈'을 찾는 보물을 발견하게 될 것이다. 그래서 진정한 꿈을 찾고 소망으로 가득 찬 나날을 보내게 될 것이다. 이 책을 읽는 동안 당신은 저자들과 함께 웃고 또 함께 울 것이다. 그러는 사이에 더욱 성장해 있는 당신을 발견하게 될 것이다. 나는 자신 있게 말할 수 있다. 변화하고 싶다면, 좀 더 행복해지고 싶다면 당신도 책을 써라. '책 쓰기로 인생을 바꾸는 사람들'과 함께.

평범하지만 특별한 아홉 명의 작가들은 현실에 안주하지 않고 새로운 변화를 선택한 사람들이다. 나는 이들의 10년 후가 정말 기대된다. 적어도 지금과 똑같은 일상의 자신을 만나진 않을 것이다. 이것이 바로 내가 책을 쓰는 내내 확신한 것이다. 잃어버린 꿈을 찾고 싶다면,

살아가는 이유를 발견하고 싶다면, 자신의 가치가 얼마나 대단한지

깨닫고 싶다면, 당신도 지금 당장 책을 써라.

　　사실, 이 책의 주인공은 다른 사람이 아닌 바로 당신이다.

2018년 7월 23일

작가, 컨설턴트 김상기

차례

추천사 책을 쓰는 순간 인생의 눈부신 변화가 시작 된다 ················ 6

프롤로그 나는 책 쓰기로 두 번째 인생을 시작하였다 ················ 10

PART1

나만의 글로 사람이 아닌 사랑을 안아주다_ 홍민진

01 A형만이 가지고 있는 불편한 진실 • 23

02 자랑 아닌 자랑을 하려고 하는데: 나에 대해 100개만 적어보기 • 32

03 나는 그냥, 천천히 갈게요 • 40

PART2

삶을 다시 일으킬 수 있는 마음의 힘을 전파하다_ 이기연

01 처음 만나는 마음 챙김 인생미학 '명상' • 53

02 누가 내 생각을 움직이는가? • 61

03 나는 이제야 나이를 먹고 있다 • 68

PART3

오래된 상처를 글쓰기 하나로 치유하다_ 이상주

01 언니는 이미 작가였어! • 83

02 쓰는 순간, 모든 것이 변했다 • 92

03 나는 너에게 '존재'이고 싶다 • 101

PART4

경영을 경영하는 완벽한 경영전략을 세우다_ 김상기

01 평생 일만 하다 가고 싶진 않다 • 113

02 나로부터 자유로워지는 즐거움 • 121

03 경영을 경영하는 코치, 25년 지식과 경험을 나누다 • 130

PART5

I make my own way_ 김용

01 어떻게 하면 나도 너처럼 살 수 있을까 • 141

02 마음으로 볼 때만 보이는 것들 • 148

03 나는 가슴이 시키는 길만 간다 • 155

PART6

꿈을 진맥하고, 열정을 처방하다_ 박하영

01 그깟 공부? 한번 해보지 뭐 • 167

02 넌 왜 그렇게 하고 싶은 게 많니? • 177

03 꿈만 먹던 소녀에서 꿈을 주는 한의사가 되다 • 186

PART7

책 읽어주는 엄마가 글 쓰는 작가가 되기까지_ 안미진

01 엄마에서 멈출 것인가? 엄마에서부터 성장할 것인가? • 201

02 책 쓰기, 그 참을 수 없는 두근거림 • 210

03 책 읽어주는 엄마에서 글 쓰는 작가 엄마가 되다 • 217

PART8 엄마이기에 쓸 수 있는 글, 엄마이니까 가질 수 있는 힘 _ 임효빈

01 이제야 나는 엄마가 되었습니다 • 231

02 책 쓰기는 나를 더욱 사랑하게 만드는 마법의 거울 • 241

03 괜찮아, 괜찮아, 내가 있잖아 • 250

PART9 책을 만날 때, 비로소 온전한 내가 되다 _ 석정민

01 나는 당당하게 다시 출근한다 • 265

02 미운 우리 새끼를 예쁜 우리 새끼로 만들어 준 책 • 272

03 책은 절대 나를 배신하지 않는다 • 278

PART1 ——————

나만의 글로
사람이 아닌
사랑을 안아주다

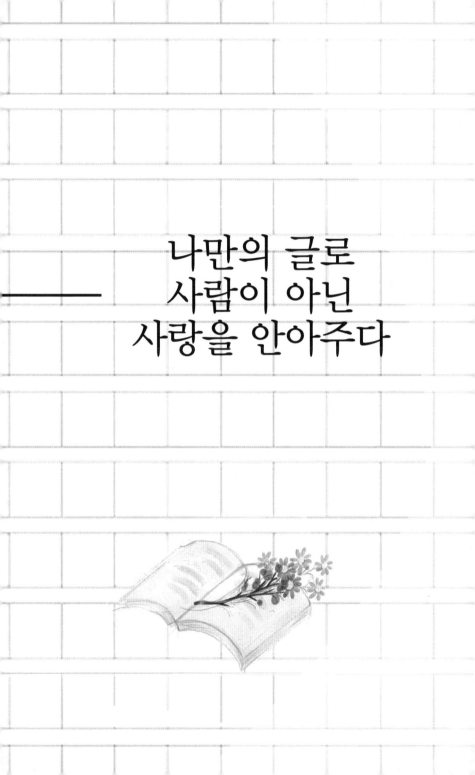

PART 01

작가 홍민진

에이블(A-ble) 인생 상담소장, 작가, 책 쓰기 코치

그녀는 A형 중에서도 트리플 A형의 소유자다. 1990년 봄 태생인 그녀는 미혼모 어머니 밑에서 유치원 대신 이 집 저 집에 맡겨지기 일쑤였다. 때문에 친구들과 어울려 노는 법도 늦게 배웠고, 남 눈치 보는 것이 당연한 일상이었다. 상처를 받아도 누군가에게 의지하는 법조차 제대로 배우지 못했던 그녀. 본인 스스로도 그런 성격이 답답해 늘 변화하기 위해 무던히도 노력했지만 트리플 A형의 기질을 가진 그녀에게 사회의 편견은 높기만 했다.

하지만 내성적이라고 불리우는, 흔히 말해 'A형'의 기질을 가진 사람들이야말로, 4년간 묵묵히 뿌리를 내리고, 5년 만에 하루에 30cm씩 자라나는 모소대나무처럼 확연히 다른 성장을 하고 있음을 알게 된다. 그 후로 그녀는 A형 기질을 가진 사람들이 성장하기 위해서 어떤 노력을 해야 하는지, 그 답에 대한 고민으로 20대의 청춘을 바쳤다. 긴 여정의 시간을 이겨내고 마침내 답을 찾은 그녀는 현재 '에이블(A-ble) 인생 상담소'를 통해 많은 사람들의 변화를 이끌어내고 있으며, '책인사'에서 사람의 인생을 바꿔주는 진정한 책 쓰기 코치로 활동하고 있다.

* INSTAGRAM : @a_ble.c
* BLOG : blog.naver.com/hahaha1370
* E-MAIL : a-ble@naver.com

모든 것은 제각기 아름다움을 지니고 있으나
모든 이가 그것을 볼 수는 없다.

_ 공자

01

A형만이
가지고 있는
불편한 진실

내면을 바라봐.

외모에 속지 마.

— 하상욱 '덜 익은 삼겹살'

이제는 차라리 사람들이 내 외모에 속아주는 게 고맙다고 생각한다. 갑자기 뜬금없는 말 같지만, 이런 생각이 든 건 고등학생 때부터였다.

벚꽃이 만발한 학교 운동장에 헌혈 버스가 세워졌다. 헌혈을 원하는 학생들이 줄을 서서 차례차례 혈액형 검사를 받았다.

"A형이네요."

처음에는 혈액형 검사가 잘못된 줄 알았다. 나는 분명 B형이었다. 털털한 우리 엄마를 닮은 B형. 중학생 때까지도 줄곧 B형으로 알고 살았는데 A형이라니. 그때 나는 알 수 없는 거부감이 들었다. 그리고 그날 나는 헌혈을 하지 않았다. 이건 분명 뭔가 잘못된 게 틀림없었다.

그러던 어느 가을, 아침부터 배가 이상했다. 처음 느껴보는 통증이어서 왜 아픈지 도무지 알 수가 없었다. 나는 취업을 위해 특성화고에 진학했는데, 거기에선 출결 관리가 무척이나 중요했다. 그래서 조퇴만은 안 된다는 생각으로 '괜찮아지겠지.' 하며 이를 악물고 버텼다. 그렇게 버티기를 8시간, 집에 가서도 나아질 기미가 보이질 않자, 어쩔 수 없이 큰 병원을 찾아갔다. 장이 꼬였단다. 의사는 많이 아팠을 텐데 어떻게 참았느냐고 했다. 진찰을 받으면서도 나는 배를 부여잡고 허리를 펴지 못했다. 그러자 수술을 해야 할지도 모르니 일단 검사부터 받으라며 휠체어에 나를 태웠다. 그때 내가 받아야 했던 검사 중에는 피검사도 있었는데, 그 와중에도 나는 혈액형을 물어봤다.

"A형이에요."

아, 또 A형이라니. 다행히 수술은 받지 않았다. 엄청나게 아픈 주사 3대를 맞은 덕분인지 장이 알아서 펴진 것이다. 그러나 기분은 썩 좋지 않았다. A형을 얻어 왔기 때문이다.

B형인 줄 알고 살았을 땐 혈액형에 큰 의미를 두지 않았었다. 그냥 별 생각이 없었다. B형이 어떻다느니, 나는 B형이라서 그렇다느니 하는 말을 들었을 때에도 별 느낌이 없었다. 혈액형을 가지고 뭐라고 한들 그것이 공격적이라는 느낌은 들지 않았다. 그런데 A형은 달랐다. 처음 A형이라는 말을 들었을 때부터 거부감이 들었다. 사회에 너무나도 정교하게 자리 잡아 하나의 규정처럼 여겨지고 있던 A형에 대한 편견, 그 편견이 무의식 중에 내 마음속에 있었던 것이다. 그 편견들이 뾰족한 날을 세우며 분명한 공격으로 다가왔다. 어떨 때는 가볍게 스쳐 지나가며 따끔따끔하게 했고, 어떨 때는 푹푹 찔러와 숨을 못 쉬게 했다.

신기한 경험이었다. 나를 바라보는 사람들의 시선이 B형에서 A형에 맞춰 새롭게 세팅되어 갔다. 내가 B형이든 A형이든 내가 나라는 사실이 변하는 건 아닌데도 말이다. 사람들이 나를 B형으로 알았을 땐, 내가 시끌벅적한 장소를 좋아하지 않는다고 해서 "그럴 줄 알았다."는 말을 들어 본 적이 없었다. 뭔가에 몰두해 있는 모습을 보일 때도 마찬가지다. "그렇게나 집중할 정도로 그게 좋으냐?" 하고 물었으면 물었지, 꼼꼼하다느니, 집요하다느니 그런 말을 하는 사람은 정말 한 명도 없었다. 아니, 일단 애초에 내가 무슨 행동을 하든지 사람들은 내게 별 관심을 두지 않았다. 그런데 지금은 소심, 꼼꼼, 걱정, 예민 등등의 이야기를 심심찮게 듣는다. 겪어보니 확실히 알겠다. 다른 혈액형에 비해 A형은 혈액형에 대한 말을 많이 듣는다. 게다가 그 키워드들이 굉장히 부정적이고 말이다. 그런데 중요한 건, A형도 A형을 그렇게 바라본다는 거다. 그리고 더 중요한 건, 결국엔 나마저도 나를 그렇게 보게 되었다는 거다. 그래서 A형들은 늘 A형에서 벗어나고 싶어 한다. 자기가 가진 가장 큰 단점이 혈액형이라는 듯이.

천천히 기댄 등받이가 생각보다 딱딱해서 불편했다. 그럼에도 나는 짐짓 여유를 부리며 팔짱을 끼어 보였다. 그리곤 의식적으로 장난기 가득한 얼굴 표정을 짓고, 최대한 밝은 목소리를 내며 물었다.

"무슨 혈액형일 것 같은데요?"

언젠가부터 나는 이렇게 말하기 시작했다. 누가 내게 혈액형을 물어봐도 나는 단번에 A형이라고 대답하지 않았다. 다른 사람들이 나를 A형이 아닌 다른 혈액형으로 봐주길 바랐다.

"음······, A형?"

실패다. 그러나 절대 당황해선 안 된다. 천천히 등받이에서 등을 떼고 몸을 테이블 쪽으로 기울인다. 그리곤 양 팔꿈치를 테이블 위에 고정시키고 손은 깍지를 낀다. 이때 표정은 눈썹을 약간 들어 올리며 굉장히 흥미롭다는 듯이 지어야 한다. 목소리는 의외라는 느낌이 들

수 있도록 약간 높게.

"와, 신기하다. 내 혈액형 맞추는 사람 진짜 드문데."

이건 언제부턴가 정해진 나만의 매뉴얼이었다. A형이지만 A형답지 않은 A형이 되기 위한 일종의 몸부림인 것이다. 뭘 그렇게까지 피곤하게 사느냐고 생각할 수도 있겠지만, 피해자의 삶이란 이런 것이다. 답답할 정도로 복잡하고, 피곤하고, 억울하다.

한번은 이런 일이 있었다. 스무 살 초반에 잠시 편의점에서 아르바이트를 하던 때였다. 한 남자애가 지나가던 나를 붙잡더니 다짜고짜 말했다.

"야, 너 A형이라며? 나 깜빡 속았잖아."

음? A형이 아닌 줄 알았다는 말인 건 알겠다. 그런데 속았다니? 뭘? 내가 표정으로 묻자 그 남자애가 대답했다.

"나는 그동안 너 A형인 줄 모르고 한 말들이니까~ 너무 담아 두지 말고, 서운해 하지도 말라고~ 알았지? 앞으론 조심할게~"

저건 사과도 아니고, 배려도 아니었다. 영문도 모른 채 나는 A형이라는 이유만으로 모든 걸 담아두고 꽁하니 지낸 사람이 됐다. 또 한 번 나라는 인격이 혈액형만으로 규정지어졌다. 나를 잘 알지도 못하는 사람으로부터 말이다. 그런데 막상 그 남자애에게 뭐라고 한 마디 따지질 못했다. 그랬다가는 정말 이마 정 중앙에 A형이라는 낙인이 찍힐 것만 같았기 때문이다.

아르바이트가 끝나고 나는 터벅터벅 걸었다. 가끔 아무것도 없는 맨 땅을 괜스레 발로 툭툭 차며 걸었다. 그때 딱 붙잡고 한 마디 했어야 했는데 싶었다. 그래놓곤 1분도 안 되어 생각을 바꾼다.

'아니야. 그랬다간 진짜 꽁해있던 게 됐을 거야.'

집으로 돌아가는 내내 나는 왔다 갔다 했다. 한숨이 푹푹 나왔다. 이러다가 땅이 울퉁불퉁해지는 건 아닐까 싶을 정도로 깊고, 잦은 한숨이었다. 답답했다. 차라리 그냥 쿨하게 잊고 싶은데, 자꾸만 이런 고민을 하는 내가 정말 싫었다.

'이러니 A형더러 소심하다고 난리지.'

어느새 내가 나를 바라보는 시선도 다르게 세팅되어 갔다.

A형으로 살다보니 나는 좀 더 B형처럼 털털하게 굴고 싶어 했고, O형처럼 밝게, AB형처럼 매력 있게 굴고 싶어 했다. 그래서 전과는 다르게 낯가리지 않는 척 먼저 다가가기도 하고, 내성적으로 보이고 싶지 않아서 모든 일에 빠짐없이 적극적으로 참여하기도 했다. 하려고 하니 할 수는 있구나 싶었다. 마음이 많이 불편하고, 에너지가 금방 떨어지는 기분을 느껴야 했지만 말이다.

그러던 어느 날이었다.

"혹시 A형이세요?"

깜빡이도 안 켜고 불쑥 들어온 질문이라 무척이나 당황스러웠다. 혈액형이 뭐냐는 것도 아니고, 바로 A형이냐니. 얼굴이 화끈거렸다.

"어떻게 아셨어요?"

"그냥 그래 보여서요."

눈알을 이리저리 굴리며 내가 또 뭘 소심하게 행동했던가 하고 열심히 되짚어보고 있는데, 그가 서글서글하게 웃으며 말했다.

"주위 사람들 세심하게 잘 챙기시더라고요. 마음도 여려 보이시고."

순간 머리가 띵했다. 정말 오랜만에 들어보는 날 것 그대로의 대답이었다. 그러고 보니 그랬다. 정말 오랜만이었다. 그동안 나도 나를 있는 그대로 바라보지 못했던 것이다. 그 느낌은 마치 반전 영화로 유명한 〈메멘토〉의 결말을 본 느낌이었다. A형에 나를 가둬 둔 사람이 그 누구도 아닌 바로 나였다니.

그러고 보니 주위에 소심한 B형도 있고, 예민한 O도 있다. 물론 착한 AB형도 있고, 털털한 A형도 있다. 누구에게나 정도의 차이가 있고 표현의 차이가 있을 뿐, 각각의 요소는 다 가지고 있는 것이다. 그런데도 대한민국 사람들 대부분은 혈액형만으로도 그 사람을 어느 정도 파악할 수 있다고 생각한다. 아니 그러고 싶어 한다. "너 A형 아니었어?"라든가, "걔 완전 A형이지." 하면서 말이다.

하지만 혈액형 심리학은 과학적으로 증명되지 않은 단순 편견에 불과하다. 다른 나라에서는 혈액형 심리학을 재미로 치부하거나 아예 믿지 않는다. 심지어 응급상황, 즉 피가 필요한 상황이 아니고서는 자신의 혈액형을 알 필요조차 없는 경우도 많아 혈액형이 무엇인지 모르고 지내는 경우도 다반사라고 한다. 전 세계에서 혈액형 심리학을 이렇게까지 믿는 나라는 우리나라와 일본, 두 나라뿐이다. 시작은 일본이었다. 방송작가 노미 마사히코(1925~1981)가 1971년에 『혈액형으로 알 수 있는 상성』이라는 책을 출간한 것이다. 이 책은 빠르게 퍼져나갔지만 일본 학회로부터 큰 질타를 받았다고 한다. 인정되지도 않은 연구를 마치 사실인 것처럼 상업적으로 이용했다는 것이다. 그 '인정되지 않은 연구'는 1933년 『심리학연구』에 게재된 후루카와 다케지 교수의 「혈액형에 의한 기질 연구」를 말한다. 그 논문은 친척과 지인을 동원해 혈액형 별로 150명 정도의 성격을 분석한 것이었는데, 과학적 근거와 논리 부족으로 학회의 비판을 받고 잊혀져가던 내용이었다.

그동안 우리는 과학적 근거도, 논리도 없는 혈액형 심리학으로 너를 그리고 나를 파악할 수 있다는 오만과 편견 속에서 살아온 것이다. 그 오만과 편견은 우리를 피해자로 만들었다. 복잡하게 만들었고, 피곤하게 만들었고, 억울하게 만들었다. 내가 오롯이 나로서 존재할 수 없게 만들었다. 내가 소심한 건 A형이기 때문이라고 했다. 내가 내성적인 것도 A형이기 때문이라고 했다. A형은 화난 것이 아니라 삐진 것이라고 했다. A형인 나는 털털한 것이 아니라 털털한 척을 한다고 했다. A형은 역시 배려가 깊다며 배려를 강요했다. 나를 포함한 모두가 나를 부정했다.

더 이상 그 오만과 편견에 휘둘려서는 안 된다. A형이 나의 삶을 휘젓게 놔둬서는 절대 안 된다. 다른 사람이, 그리고 내가 나 자신을 함부로 파악하게 내버려 두지 말자. 내가 A형인 것이지, A형이 나인 것이 아니라는 사실을 잊지 말자. A형이라는 편견에 갇혀 내가 가진 기질을 폄하하는 실수를 저지르지 말자. 나를 똑바로 보고, 나답게, 나를 표현하며 살아가자. 그래서 어느새 강력하게 자리 잡아버린 이 편견을 부수고 세상에 당당히 외치자.

"안녕하세요, 저는 A형입니다!"

02

자랑 아닌
자랑을 하려고 하는데:
나에 대해 100개만 적어보기

∨

    4월의 어느 날, 벚꽃이 아닌 눈꽃이 흩날리고 있었다. 어쩐지 내리는 눈이 너무 예뻐서 씁쓸한 기분을 지울 수가 없었다. 언제부턴가 나는 더 이상 4월의 눈꽃을 보고도 이게 무슨 일이냐며 호들갑 떨지 않았다. 그저 가만히 손을 뻗어 겨울도, 봄도 아닌 이 계절의 기운을 느껴볼 뿐이었다.

    희미해진 계절의 경계에 서있자니 문득 어린 시절의 내가 떠올랐다. 6월의 어느 날 누가 내게 지금이 봄인지, 여름인지 물은 적이 있었다. 그때 내가 어떤 대답을 했는지는 기억이 나진 않는다. 다만 물었던 그 상대에 따라 대답이 달라졌을 거라는 건 알 수 있다. 아마도 긴 팔을 입고 움츠리며 물었다면 아직 봄이라 답했을 것이고, 손으로 부채질을 하며 물었다면 이미 여름이 시작됐다 말했을 것이다.

어릴 적 나는 내가 하고 싶은 말보다 사람들이 듣고 싶어 하는 답을 해주려 애썼다. 그래서 어떤 때에는 답을 해놓고도 끙끙 앓았다. 사람마다 다르게 대답했던 것이 내내 걸렸던 것이다. 그래서 나는 어중간한 게 정말 싫었다. 기면 기고, 아니면 아닌 게 좋았다. 이도 저도 아닐 때에는 도대체 어느 장단에 맞춰야 할지 잡히지 않았으니까 말이다. 나에게 그건 무척이나 큰 스트레스였다. 어중간한 계절에는 옷을 골라 입는 것도 곤욕이었다. 언제부턴가 나는 집을 나설 때면 다른 사람들의 옷차림부터 살폈다. 나만 너무 덥거나 춥게 입은 건 아닌지 살피는 것이다. 여기서 중요한 건 나의 더위나 추위를 살피는 것이 아니었다는 점이다. 내가 살폈던 건 타인의 시선이었다. 나는 내 추위와 더위 보다 나만 혼자 튀어 보이는 것이 더 걱정 되었던 것이다.

가만 보니 나는 누군가 나를 규정지어 주는 것에 익숙해진 것 같았다. 그리고 그럴수록 나는 희미해져만 갔다. 이러다가 결국에는 나도 나를 영영 잃어버리게 되는 건 아닐까 하는 생각이 들었다. 마치 〈센과 치히로의 행방 불명〉에서 요괴 마을에 간 인간이 자신의 이름을 잊으면 다신 인간 세계로 돌아갈 수 없는 것처럼 말이다.

멍하니 있다가 문득 정신이 든 나는 주머니에서 스마트폰을 꺼내 메모장을 켰다. 그리곤 '초콜릿이나 액체를 먹고 차를 타면 멀미를 함'이라고 적었다. 그 다음에는 '차에서 책이나 스마트폰을 보면 멀미를 함', '그럴 때 껌이나 사탕을 먹으면 멀미가 좀 가심'이라고 적었다. 내가 나에 대해 비교적 구체적이고 정확하게 알고 있는 일 중에 하나는 멀미였다. 그러고 보니 생각나는 게 하나 더 있었다. '지하철보다는 버스를 선호함' 맞다. 나는 창밖을 볼 수 있는 버스가 더 좋다. 지하철을 탈 때 멀미를 덜하지만 그래도 버스가 더 좋았다. 그래서 멀미를 하지 않을 수 있는 방법을 나름대로 찾았던 것이다. 나는 나에 대해 내가 알고 있는 것들을 쭉 적어볼 참이었다. 그런데 막상 쉽지가 않다. 딱 저 3개 말고는 생각나는 게 없었다. 그나마 고민해서 적었던 게 '왼쪽 귀 아래쪽에 점이 있음'이었다. 내가 써 놓고도 어처구니가 없었지만, 어쨌든 이것도 내가 알고 있는 나에 대한 것이니까 일단 적어보자 싶었다. 그러고 나서는 '키가 작음', '머리숱이 많음', '발이 굉장히 작음' 등 외모적인 것들과 '위, 장이 좋지 않음', '비염이 있음' 같은 체질적인 것도 적어 넣었다. 마지막으로 내가 적어 넣었던 것은 'A형임'이었다. 그런데 적어놓고 보니 내가 나에 대해 아는 것이 겨우 30개도 안 되었다. 거기다가 성격적인 장점, 단점에 관한 내용은 거의 없었다. 내가 나에 대해 잘 알지 못한다는 건 알고 있었지만, 막상 이렇게 개수로 확인하니 꽤 충격이 컸다. 그동안 내가 나로서 살아온 게 과연 맞는 것인지 의문이 들기 시작했다.

그 충격을 계기로 시작한 것이 '나에 대해 100개 적어보기'였다. 그때 나는 이상한 오기가 생겨서 무엇이라도 나에 대해 알게 되면 일단 스마트폰 메모장부터 켜기 시작했다. 이를테면 '의외로 독서가 취미인 것 같음', '발라드를 좋아함', '밥 먹는 게 느림' 같은 것들이었다. 그렇다고 중복되게 적어서 숫자만 늘리는 건 내 성격과 맞지 않았다. 누굴 보여주는 것도 아니고 누구와 겨루는 것도 아니었지만, 정정당당하게 해내고 싶었다. 그래서 이걸 적었는지 안 적었는지 헷갈릴 때면 처음부터 모조리 다시 읽곤 했는데, 그런 내 모습을 보고는 '성격이 까다로움'과 '이상한 구석에서 꼼꼼함'을 추가해서 적었다. 그러자 한 가지 더 생각나는 것이 있었다. '성격이 좀 예민함.' 적어 놓고 보니 기분이 묘했다. 아마 누군가 내게 까다롭다거나, 이상한 구석에서 꼼꼼하다거나, 성격이 좀 예민하다고 했다면 기분이 썩 좋지 못했을 것이다. 그런데 그때 들었던 생각은 그냥 나에 대해 더 알게 됐다는 것이 신기하다는 것뿐이었다. 정말 이상한 경험이었다. 그리고 그 뒤로 나는 내 단점에 대해 좀 더 편하게 적어 보기 시작했다. '사실은 매우 소심함', '눈치를 많이 봄', '미움 받는 것에 대한 두려움이 많음', '관계가 틀어지는 것을 매우 힘들어 함', '스스로에 대한 기대치가 높음' 적어놓은 것들이 긍정적인 것들이 아니었는데도 적으면 적을수록 뭔가 편안한 기분이 들면서 가슴이 시원해지는 걸 느낄 수 있었다.

그 뒤로 나는 관찰자가 되어 2인칭 시점으로 분리해서 나를 바라보는 연습을 계속해나갔다. 내가 나 스스로를 인지하고 관찰하며, 마치 관찰 일기를 적는 느낌으로 나에 대해 꾸준히 적어 나갔다. 그러나 100개를 모두 채우는 데에는 생각보다 오랜 시간이 필요했다. 적는 동안에는 적을까 말까 고민 되는 것들도 있었고, 이런 것 같기도 하고 저런 것 같기도 해서 적기가 애매한 것도 있었다. 어떤 것은 분명 이런 것 같아서 적었는데 시간이 조금 흐르고 나니 바뀌기도 했다. 물론, 시간이 아무리 지나도 바뀌지 않는 것들도 있었다.

바뀌지 않는 것들에는 소심하고, 예민하고, 내성적인 것들이 있는데, 어쩐 일인지 더 이상 그것들은 내게 부정적인 감정으로 다가오지 않았다. 스스럼없이 다른 사람들에게 내가 먼저 내성적이라던가, 내가 좀 예민하다는 말을 먼저 꺼내 놓기도 했다. 그러자 도리어 사람들은 내게 O형이냐고 묻거나, B형이냐고 물어왔다. 처음에는 어리둥절했지만 김경희 작가의 『찌질한 인간 김경희』에 나오는 글귀를 보자 이거구나! 하는 생각이 들었다.

"스물아홉 내가 넘어야 할 것은 승진, 결혼, 혹은 임신, 출산 중 하나겠거니 생각했다. 그것들이 삶의 과업이라 생각했다. 하나 내가 정작 넘어야 할 것은 겨울 아침, 이불 밖으로 발걸음을 떼는 일이었다."

찌질한 인간이라서 겨울 아침에 이불 밖으로 한 걸음 떼는 게 어려운 걸까, 한 걸음 떼는 게 어려워서 찌질한 인간이 되는 걸까? 조금 지나자 애초에 그게 찌질한 게 맞긴 한 건지 헷갈려왔다. 스스로를 찌질하다고 인정해버리니, 더 이상 찌질해 보이지가 않는 것이다. 그러고 보니 그랬다. 찌질해서 찌질해 보이는 게 아니었다. 찌질한 걸 인정하지 않는 모습이 찌질했던 거였다. 그러니까 찌질한 내가 해야 할 건 그냥 나를 인정하고 받아들이는 거였다.

1930년대 영국에 8살짜리 여자아이가 한 명 살고 있었다. 어느 날 소녀의 부모는 학교로부터 한 통의 편지를 받았다.

"우리는 도저히 이 아이와 함께 수업을 할 수 없습니다. 정신과 치료를 받게 하거나, 특수학교에 보내세요."

1학년 1학기가 채 끝나기도 전이었다. 소녀는 학교에서 유명한 골칫덩어리이자, 일명 문제아였다. 숙제를 안 해가는 것은 기본이고, 글씨는 알아볼 수 없을 정도였으며, 성적도 매번 낙제 수준이었다. 그 중에서도 특히나 교사들의 눈에 거슬렸던 건 수업 태도였다. 소녀는 수업

중에도 가만히 앉아있지 못하고 엉덩이를 들썩이고, 소리를 냈다. 주변 친구들에게 장난을 걸어 수업 분위기를 망치는 일도 허다했다. 요즘으로 치면 전형적인 주의력결핍과잉행동장애(ADHD)였다. 부모는 가슴이 철렁했지만, 그렇다고 소녀를 포기할 수는 없었다. 다음날, 엄마는 소녀를 곱게 단장시켜 심리 상담사에게 데려갔다. 이야기를 나눌 동안 소파에 얌전히 앉아 있을 것을 당부한 엄마는 상담사에게 소녀의 상태에 대해 긴 시간 동안 설명했다. 이야기가 끝나자 상담사는 소녀에게 다가가 이렇게 말했다.

"많이 지루했겠구나. 그런데 어쩌지? 엄마와 아저씨는 옆방에서 조금 더 이야기를 나누어야 할 것 같은데, 조금만 더 기다려 줄 수 있겠니?"

소녀가 고개를 끄덕이자 상담사는 은은한 음악이 흐르도록 라디오를 틀어놓고는 엄마와 함께 밖으로 나왔다. 그리고는 벽에 난 작은 구멍을 가리키며 말했다.

"부인, 혼자 남은 따님이 뭘 하는지 한번 보세요."

소녀는 혼자 남겨지자 조금씩 몸을 들썩이기 시작했다. 그러더니 이내 소파에서 일어나 음악에 맞춰 몸을 움직이며 돌아다니기 시작했다. 소녀의 엄마는 그 광경을 보고 매우 놀라고 말았다. 음악에 맞춰 움직이는 소녀의 몸짓이 너무나도 우아하고 아름다웠기 때문이다.

"따님은 문제아가 아닙니다. 타고난 무용수죠. 아이를 어서 무용학교에 보내세요."

이 이야기는 뮤지컬 〈캣츠(Cats)〉와 〈오페라의 유령(The Phantom of the Opera)〉을 탄생시킨 질리언 린(Gillian Lyeen)의 이야기이다.

나는 나 외에 다른 것이 될 수 없었다. 그저 내가 되거나, 내가 사라지거나 둘 중 하나일 뿐이었다. 나보다 잘나 보이거나 다른 사람처럼 되려는 노력은 사실상 무의미했다. 내가 비로소 나로 존재할 때 그제야 나는 빛나기 시작했다.

내가 가지고 있는 소심함, 예민함, 내성적인 성격들도 마찬가지였다. 나부터 인정하고 받아들이자, 그제야 그것들도 빛을 내기 시작했다. 소심함 덕분에 나는 강한 책임감을 가질 수 있었다. 예민함 덕분에 트렌디한 제시가 가능했고, 내성적인 성격은 나의 독립심을 키워주었다. 처음부터 장점이고 단점인 것은 없다. A형을 장점으로 만들 것인지 단점으로 만들 것인지는 당신의 선택에 달려있다.

03

나는 그냥,
천천히
갈게요

∨

인간은 생각하는 동물이다. 많이 들어본 말일 것이다. 생각은 인류를 진화시켰다. 덕분에 인간은 먹이사슬의 맨 꼭대기를 차지할 수 있게 됐다. 그런데 언제부턴가 '생각'의 의미가 달라지고 있다. 내가 생각이 많다고 말하면 대부분의 사람들은 걱정이 많다는 말로 받아들인다. 로댕의 고뇌에 차있는 사람을 표현한 조각상의 이름은 '생각하는 사람'이다. '걱정하는 사람'이 아니다. 나는 '생각=걱정'이 됐다는 사실이 매우 안타깝다. 걱정은 생각이 많아서 생기는 것이 아니다. '왜'를 생각하지 않기 때문에 생기는 것이다.

나이를 먹을수록 사람들은 '왜'냐고 묻는 것을 어려워한다. 다른 사람들에게는 물론이고, 자기 자신에게도 말이다. 하지만 돌아보면, 어렸을 때의 우리는 모두 질문쟁이였다. 나 역시 마찬가지이다. 엄마가 곤란해 하실 정도로 많은 질문을 했다. 하늘은 왜 파란지, 나무를 왜 나무라고 부르는지 궁금해 했다. 엄마가 뭐라고 한 마디만 하셔도, "왜? 엄마 왜 그렇게 되는데?" 하며 질문을 쏟아냈다. 어쩌면 어떠한 편견도 없었기 때문에 가능한 일이었을지 모른다. 하지만 학교를 다니기 시작하면서부터 나는 '왜'라는 말을 삼키기 시작했다.

나는 집안 형편이 좋지 못했다. 그래서 어려서는 학원도 다니지 못했다. 다른 애들은 너무 많은 학원을 다녀서 힘들어했지만, 나는 오히려 학원을 다니는 애들이 부러웠다. 대부분이 학원을 다니다 보니 학교에도 그 영향이 미쳤다. 수업을 할 때 기초적인 것은 이미 다 알 것이라 생각하고 빨리 넘어가버리는 경우가 생기는 것이다. 그때 나는 왜냐고 묻지 못했다. 학원에서 이미 형성된 공감대를 비집고 들어갈 용기가 없었기 때문이다. 그런 것도 모르는 아이가 되는 것이 창피했고, 차라리 아는 척하며 그 분위기에 끼고 싶었다. 공감되지 않는 공감대를 공감하는 척 살기로 한 것이다. 그러던 중 선생님이 말씀하셨다. 모르는 것이 있으면 질문하라고.

"모르는 것은 부끄러운 게 아니에요. 모르는 것을 알면서도 알려고 들지 않는 것이 부끄러운 거예요."

이 말은 나를 더욱 부끄럽게 했다. 모두 다 아는데 나만 모르는 그 분위기 속에서도 용기를 내야 한다는 그 말이, 어린 나에게는 오히려 공격에 가깝게 다가왔다. 너는 비록 혼자이지만 다수의 힘 앞에 굴복하지 말고 싸워야 한다고 나를 다그치는 것만 같았다. 그러니까 선생님의 그 말은 내게 어떤 위로도, 응원도 될 수 없었다. 그때부터였다. 내가 '왜'라는 질문을 더욱 깊숙이 숨기게 된 것이 말이다.

'왜'라는 질문을 잊은 어른들과, 그런 어른들에게 '왜'라는 질문을 받지 못하는 아이들, 정말 안타까운 일이 아닐 수 없다. '왜'가 사라진 질문에는 일종의 강요가 섞이기 시작한다. 나는 어른들이 "너는 꿈이 뭐니?"라고 물어도 설레지 않았다. 꿈이라는 단어가 전혀 반짝여 보이지 않았다. 그땐 입 밖으로 꺼내진 못했지만 늘 묻고 싶었다.

"꿈이 궁금한 거예요, 돈을 어떻게 벌 건지가 궁금한 거예요?"

그렇게 나도 나이를 먹었다. 문득 나 역시 그런 어른이 된 것은 아닐까 하고 겁이 났다. 하루는 자신의 신세를 한탄하는 친구에게 물었다.

"그럼 너는 그 일을 왜 하고 있어?"

"왜긴 왜야, 그럼 돈 안 벌어?"

실없는 질문을 하고 있다며 고개를 절레절레 흔드는 친구의 표정에는 쓸쓸함이 묻어있었다. 제대로 된 목적도 없이 일하는 전형적인 어른의 모습이었다.

　언젠가 에베레스트에도 교통체증(traffic jam)이 일어날 수 있다는 기사를 본 적이 있다. 네팔 정부에 따르면, 2017년에 외국인들에게 발부된 에베레스트 등반허가는 총 371건이라고 한다. 셰르파(등산 도우미)를 합치면 최소 800명의 인파가 된다. 또한 세계 각지에서 등반가들은 물론 여행객들까지 헬리콥터를 동원해 베이스캠프를 찾고 있다고 하니 갈수록 그 인원은 늘어갈 것이다. 하지만 기상 변화가 극심해 한 해 평균 3~4일 밖에는 등반을 할 수가 없다는 점을 고려해 볼 때, 교통체증이 일어나는 것은 불 보듯 뻔한 일이다. 이에 2016년에 에베레스트 정복에 성공한 인도 출신 등산가 쿤탈 조이서는 "에베레스트 등반이 마치 공원 산책처럼 돼 버렸다."라고 한탄하며, 섣불리 결정하지 말 것을 권고했다. 별 기술이나 경험 없는 사람들이 몰리면서 위험한 상황을 낳고 있기 때문이다. 등산 속도가 느린 앞 그룹을 기다리느라 위험천만한 수직 절벽 코스에서 1시간 동안 대기하는 상황이 벌어지기도 하는 것이다. 또한 느린 등반은 준비해 온 산소통이 부족해 산소 고갈 우려도 있다. 뿐만 아니라 댄 리처즈 글로벌레스큐 사무총장은, 급성 고산병으로 인해 수행한 구조작전이 전년 동기에 비해 20%나 증가했다고 말했다. 친구 따라 강남 가듯 에베레스트 산을 등반하는 것이 과연 적합한 일일까? 자신들의 목적이 '추억 남기기'라는 것을 정확히 인지했다면, 그렇게 많은 사람들이 에베레스트 산을 선택하지는 않았을 것이다. 추억을 남기기 위해 목숨을 거는 꼴이니 말이다.

"꿈에 산이 있었고, 내가 산이 되었다"라고 말하는 엄홍길 대장. 그는 세계 최초 8천 미터 16좌 완등에 성공한 영향력 있는 산악인이다. 그에게는 목숨을 걸고서라도 위대한 자연의 일부가 되어 인간의 한계를 뛰어 넘어보고자 하는 꿈이 있었다. 그는 등반을 하면서 오지를 많이 다녔는데, 오지에 있는 아이들을 위해 학교를 짓고 싶다는 생각이 있었다고 한다. 그리고 그것을 이루기 위해 자신이 할 수 있는 일 또한 산을 오르는 일이었다고 한다. 고로, 그에게는 신의 영역이라고 불리는 8천 미터 죽음의 지대를 밟아야 하는 뚜렷한 목적이 있었다. 그 덕분에 세계 최초 8천 미터 16좌 완등이라는 명예도 얻을 수 있었던 것이다. 이렇듯 제대로 된 목적을 가지고 일하는 사람은 성공하기 마련이다. 그리고 그 성공은 커다란 영향력을 낳는다.

『김밥 파는 CEO』, 『생각의 비밀』, 『알면서도 알지 못하는 것들』의 저자인 김승호 작가는 기업인이다. 그는 22살의 나이로 미국으로 넘어가 갖은 고생을 다했다. 이불가게, 신문사, 한국 식품점 등 그는 수차례 사업에 실패했지만, 그 모든 것을 경험으로 삼고 일어섰다. 그의 목적은 물건을 파는 일이 아니었기 때문이다. 시스템을 파는 것, 그것이 그의 목적이었다. 정확한 목적을 가지고 경험한 실패는 오히려 큰 자양분으로 작용했고, 그는 끝내 성공했다. 현재 스노우폭스 브랜드 최고 책임자인 김승호 회장은 개인 자산이 4,000억 원에 달한다.

그의 뚜렷한 목적이 빛을 발한 사건은 이뿐만이 아니다. "호의가 계속 되면 그게 권리인 줄 알아요. 상대방 기분 맞춰주다 보면 우리가 일을 못한다고, 알았어요?" 영화 『부당거래』 속 류승범의 대사에 공감하지 않는 사람은 없을 것이다. 이 대사처럼 호의의 부작용으로 나타난 갑질에 여러 사람들이 눈살을 찌푸린다. 하지만 '손님은 왕'이라는 명목 아래 그러한 갑질은 방치되어왔었다. 그 갑질이 이슈가 되고, 미디어에서 관심을 가지게 된 것도 그의 영향력 덕분이다. 그 이유는 그가 강남 매장에 붙여놓은 '공정서비스 권리 안내문'이 큰 유명세를 탔기 때문이다.

"우리 직원이 고객에게 무례한 행동을 했다면 직원을 내보내겠습니다. 그러나 우리 직원에게 무례한 행동을 하시면 고객을 내보내겠습니다."

스노우폭스에서는 당일 제품을 다음날 판매하지 않기 때문에 마감 시간이 다가오면 증정 행사를 한다. 그런데 한 고객이 어차피 버릴 음식이니 한 개를 더 달라며 행패를 부렸다. 이러한 행위는 영업 방해

죄에 해당하기에 경찰을 부를 수도 있다. 그렇지만 우리나라 사회 분위기상 그러기는 쉽지 않다. 하지만 김승호 회장은 매장에서 제품을 파는 것의 목적을 잊지 않았다. 그 목적은 '상호 간의 등가 교환'이다. 때문에 서로가 합당한 예의를 갖춰야 한다는 점을 직시하고, 최고경영자로서 직접 나선 것이다. 이 안내문 덕분에 속이 다 시원하다고 생각하는 사람들이 많이 생겼다. 이것은 사실 제대로 된 목적을 갖고 있는 사람으로서 당연히 해야 할 일이었다. 이 일이 이슈가 됐다는 사실이 나는 오히려 씁쓸하다.

이렇듯 뚜렷한 목적을 세워놓은 사람은 어떠한 난관이 와도 쉽게 흔들리거나 무너지지 않는다. 그리고 자신의 장점뿐 아니라 한계점도 정확히 인지하고 있기에 스스로의 제한선을 설정해 놓는다. 엄홍길 대장이 산에 오를 수 없는 몸 상태가 되면 무리해서 산행을 하지 않는 것이 그렇고, 김승호 회장이 자신이 나서야 하는 일과 직원에게 맡겨야 하는 일을 구분해 놓은 것이 그렇다. 모든 것을 다 할 수 있는 사람은 없다. 우리는 오랜 시간 스스로에게 끊임없이 질문하고 끈질기게 답하며, 장점과 한계를 깨닫고 그에 따른 목적을 분명히 해야 한다.

아프니까 청춘이라는 말은 이제 멀리 가버렸다. 목적 없이 아프지 마라. 남의 삶을 살려고 드니 아픈 것이다. 오롯이 나로서 살기 위한 목

적을 세워라. 그러나 조급해할 건 전혀 없다. 답은 이미 당신에게 있다.

찬찬히 들여다보고, 그저 당신대로 살아라. 단지 그뿐이다.

PART2

삶을 다시
일으킬 수 있는
마음의 힘을
전파하다

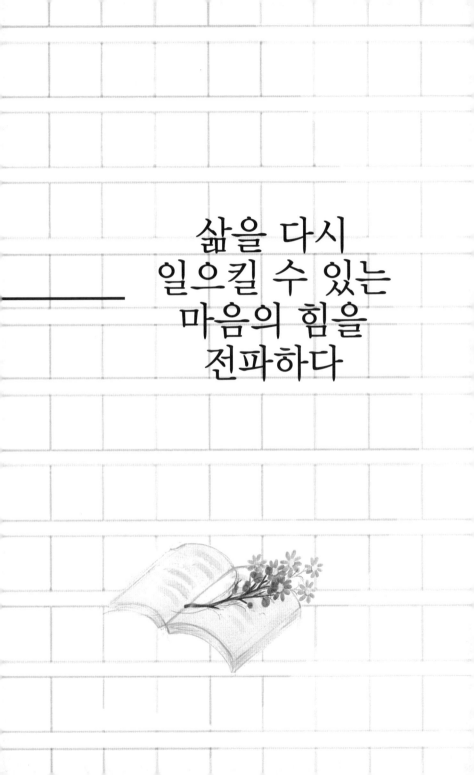

PART 02

작가 이기연

라이프 커넥터, 기업교육 전문기업 '그리다 人' 대표, 작가, 명상 마스터 트레이너

20대의 나이에 명상센터의 원장으로 2,000명이 넘는 수강생과 100여명의 트레이너를 양성하며 5개의 센터를 운영한 명상 마스터 트레이너. 명상을 통해 깨달은 사람과 회사간의 심리적, 조직적 주파수 네트워크를 이용하여 누구도 따라할 수 없는 회사를 운영하는 시스템 개발과 조직 운영에 대한 기반을 마련하였다. 이후 명상센터 외에도 아트홀, 아시아 모델 협회, 기업 교육 업체 등 여러 곳에서 맞춤형 운영 시스템 기획자로 활동하고 있다. 명상을 통해 개인의 삶도, 기업의 삶도 올바르게 움직인다고 말하는 그녀는, 사람이 가진 본질적인 가능성을 꺼내어 업무에 적용시키는 것 특유의 주파수와 에너지를 전파하고 있다.

* INSTAGRAM : @director_7
* E-MAIL : rldus07i@gmail.com

세상의 중요한 업적 중 대부분은,
희망이 보이지 않는 상황에서도 끊임없이 도전한 사람들이 이룬 것이다.

_ 데일 카네기

01

처음 만나는
마음 챙김
인생미학 '명상'

∨

내가 처음 명상을 접한 건 심한 개구쟁이에 말썽쟁이였던 유치원 때였다. 7살 꼬마가 가부좌를 틀고 누가 시키지도 않았는데 조용히 선생님 말씀에 따라 눈을 감고 명상을 하는 모습이 부모님은 신기하셨다고 한다. 집에 와서도 종종 집 뒤뜰에 혼자 앉아 명상을 했던 기억이 있다. 지금도 내 오래된 사진첩에는 귀여운 어린이 명상가의 사진이 있다. 하지만 그 기억은 초등학교에 입학하면서 멈춰졌다. 그 이후 다시 명상을 접한 건 한참 뒤, 꿈도 재능도 없이 소심하게 변해버린 19살 때였다.

"여러분 장래희망을 적어보세요."

초등학교 때부터 수도 없이 들었던 질문이다. 주위에는 음악을 잘하고 과학을 잘하고 공부를 잘하는 친구들이 자신의 장점을 꿈으로 적기 시작했다. 그런데 나는 잘하는 것이 하나도 없었다. 크게 흥미를 느끼는 것도 없었다. 아무리 생각해 봐도 내가 뭘 해야 할지 알지 못했기에, 그때그때 선생님이 좋은 꿈이라고 제시하는 것들을 따라 썼다. 그저 잘하는 것이 있는 친구들이 부러울 뿐이었다. 하지만 난 궁금했다. 왜 꼭 꿈을 꿔야 하고, 나이가 들면 직업을 가져야 하는지 말이다.

생각해 보니 어느 누구도 내가 왜 태어났는지, 왜 살아야 하는지 가르쳐주지 않았다. 그러면서 꿈이 뭐냐고 묻는다. 어른들은 왜(why) 살아야 하는지는 알려주지 않으면서, 어떻게(how) 살아야 할 것만 가르치는 것 같았다.

한번은 선생님께 조용히 질문을 한 적이 있다.

"선생님, 어떤 꿈을 적어야 할지 모르겠어요. 왜 꿈을 꿔야 해요?"

"음, 우선 네가 하고 싶고 잘하는 걸 꿈으로 적어 보렴. 어른이 되고 사회의 구성원이 되려면 직업이 있어야 한단다. 그런데 꿈이 있어야 열심히 노력해서 그것을 이룰 수 있겠지?"

별로 마음에 드는 대답이 아니었다. 이미 결정된 길들이 여럿 있으니 그중에 하나를 무조건 골라야 한다고 강요하는 것 같았다.

"그런데요, 왜 살아야 하고 왜 어른이 되어야 하나요?"

54.

선생님은 나를 어이없다는 표정으로 쳐다보았다.

"당연히 태어나서 어른이 되면……, 넌 너무 당연한 걸 물어보는 구나."

선생님 눈에 나는 학습능력도 떨어지면서 이상한 질문이나 하는 별난 아이였다. 나는 그냥 궁금했을 뿐인데 말이다. 나는 누구인지, 왜 태어났는지, 그리고 왜 이 사회를 살아나가야 하는지에 대한 답은 어디에서도 나오지 않았다. 당연히 어떤 수업에도 흥미가 없었다. 다만 부모님을 걱정시켜드릴 수 없고, 주변 사람들보다 튀기도 싫어서 조용히 지냈을 뿐이다. '나만 이런 가?' 하는 의문을 품은 채 말이다.

사춘기가 시작된 중학교 무렵부터는 점점 더 말이 없어졌다. 삶에 흥미가 없으니 매일 매일 잠만 자는 게 내 일상이었다. 적당히 학교를 다니고, 적당히 학원을 다니고, 적당히 친구들을 사귀면서 모든 부분에서 튀지 않으려고 노력했다. 시간이 지나자 감정을 느끼는 감각도 상실해 버린 듯, 슬픈 일을 봐도 슬프지 않고, 기쁜 일을 봐도 그리 기쁘지 않았다. 사람들을 보면서 왜 저렇게 치열하게 싸우는지, 뭐가 저리 행복한지 무덤덤하게 쳐다볼 뿐이었다. 어릴 때부터 품은 그 의문들의 답을 찾지 않으면 어떤 것도 무의미한 상태로 남을 것 같았다.

그러다가 19살이 되던 해, 나는 워쇼스키 형제의 〈매트릭스(1999)〉

영화를 보게 되었다. 그 날의 충격은 내 인생의 전환점을 맞게 되었다. 영화의 스토리는 대략 이렇다.

주인공 네오는 낮에는 평범한 직장인이지만 밤에는 컴퓨터 네트워크를 해킹하는 해커이다. 삶의 공허함을 느끼면서 방황하던 그에게 어느 날 낯선 사람들이 찾아오는데, 네오는 그들을 통해 자기가 살던 곳은 AI(인공지능 로봇)에 의해 만들어진 가상공간이며, 사람들은 그곳의 에너지 공급원인 노예로 살고 있다는 것을 알게 된다. 꿈과 현실을 구분하지 못하는 인간의 뇌의 특성을 이용해서, 뇌에다가 생체기계를 연결해 계속해서 가상공간에 머물게 하는 것이었다. 영화는 네오가 가상공간을 탈출하여 진짜 자신이 누구인지 깨닫게 되는 과정을 그리고 있다.

많은 사람들이 매트릭스를 보면서 현란한 액션과 감각적인 효과에 감탄했을 것이다. 하지만 또 다른 사람들은 '나도 매트릭스에 갇혀 있는 것이 아닐까? 진실은 뭘까? 과연 숟가락은 없는 것일까?' 하는 의문들을 품었을 것이다. 나도 마찬가지였다. 진실을 알고 싶었고 매트릭스의 그 철학적인 질문들에 매료되었다. 그 영화는 뛰어난 영상미로도 영화의 한 획을 그었지만, 동서양의 철학과 현재까지 밝혀진 세계를 과학적 스토리로 엮은 부분에서 굉장한 화제를 일으켰다. 향후 『매트릭스로 철학하기』라는 책이 나올 정도로, 매트릭스라는 영화에는 철학적인 질문과 삶에 대한 많은 질문들이 숨겨져 있었다. 나는 그 영화를 수도 없이 보고 또 돌려보았다.

'나와 같은 생각을 가진 사람들이 있었어! 매트릭스가 이렇게 인기가 많다는 건 나와 같은 생각을 가진 사람들이 많다는 거야, 나만 이상한 게 아니었어!'

태어나서 그렇게 기뻤던 적은 처음이었던 것 같다. 그때부터 몇 달 동안 어떻게 하면 나와 같은 사람들을 만날 수 있을까 하며 계속 찾고 찾아 헤맸다.

그러던 중 어머니가 읽고 있던 책을 보게 되었다. 하루야마 시게오의 『뇌내혁명』이란 책인데, 그 책의 한 문구가 나를 다시 명상의 세계로 이끌어주었다.

"뇌는 꿈과 현실을 구분하지 못한다. 전기적 신호에 반응할 뿐이다. 뇌파와 뇌 내 호르몬을 조절할 수 있다면 자신을 컨트롤할 수 있다."

너무도 마음에 와 닿는 말이었다. 어떤 책도 끝까지 읽어 본 적 없던 내가 단숨에 1,2,3권을 읽고, 다시 또 수십 번을 읽고 필사까지 했다. 뇌파를 조절해 뇌라는 컴퓨터를 다룰 수 있다면 내가 찾던 질문의 답도 찾고, 인생의 방향도 알게 될 것이라는 확신이 들었다. 그 책은 뇌 내 호르몬을 조절할 수 있는 명상법을 알려주었는데, 혼자 하는 것에 한계를 느껴 전문적인 명상센터에 찾아가 교육을 받기 시작했다. 그때가 21살 되던 2002년이었다.

    요즘은 명상이란 단어가 대중적으로 잘 알려져 있다. 한국에서도 유명한 『너의 내면을 검색하라』의 저자 구글 엔지니어 차드 멩 탄(Chad-Meng Tan)이 2007년 '감성지능개발 명상프로그램'을 개발하여 구글 직원에게 명상교육을 시행하고 있다는 것은 잘 알려진 사실이다. 그 외에도 애플, 매킨지, IBM, 야후 등 미국의 대기업과 국내의 삼성, 현대 등 대기업들도 꾸준히 명상교육 프로그램을 운영하거나, 명상실을 회사 내에 두고 있다. 우리가 알고 있는 애플의 창시자 故스티브 잡스, 오프라 윈프리, 비틀즈, 마이클 조던, 리차드 기어, 휴 잭맨 등 유명인들도 명상 마니아로 알려져 있다.

    일반적으로 명상(meditation)이라 하면 사람들은 눈을 감고 가부좌를 틀고 앉아 있는 것을 상상한다. 한자로도 감을 명(瞑), 생각 상(想) 자를 쓰기에, '눈을 감고 생각한다'는 것이 틀린 말은 아니다. 하지만 명상의 참 뜻은 '생각을 어둡게 하다' 혹은 '생각을 감다'라고 하는 게 옳다.

    왜 생각을 어둡게 해야 할까? 영화 매트릭스를 통해 간단히 설명해보자. 여러분이 게임 캐릭터로서 그동안의 삶을 살아왔다고 가정해보라. 하지만 그 게임 캐릭터를 움직이는 것은 자신, 즉 사용자이다. 그

캐릭터를 다른 캐릭터로 변경하든지 퀘스트를 달성해 높은 단계로 가든지 그것은 자신의 선택이지만, 우선 게임 속의 캐릭터가 그 동안 나의 의지대로 움직이지 않았다면 잠시 컴퓨터를 끄고 게임을 중단해야 한다. 나의 선택에 의해서 움직이는 게임 캐릭터가 매력적이든 매력적이지 않든 그것은 중요하지 않다. 모든 게임 속 배경과 캐릭터와 환경들은 본래 무수한 기호로 이루어진 전자적 신호에 불과하다. 그러므로 잠시 게임을 중단하고 빠져 나와 본래의 자신으로 있는 시기가 필요하다. 그것이 바로 명상이다. 왜 이 게임을 하게 된 건지, 내가 이 게임을 하는 이유가 무엇인지 아는 것, 그것이 바로 명상을 하는 목적이다. 프로그래밍으로 움직이던 캐릭터와 나를 일체화시키는 것이 아닌, 진짜 자신으로 있는 유일한 시간을 갖는 것이다.

실제로 우리가 살고 있는 이 세계도 무수한 전기적 신호인 에너지의 파동으로 존재하는 일시적 현상이다. 명상뿐 아니라 눈에 보이지 않는 세계를 다루는 물리학인 양자역학에서도 세상의 실체는 '진동하는 에너지' 그 자체라고 말한다. 물리학자들이 모든 물질(인간 뿐 아니라 모든 물질)의 실체를 파악하기 위해 분자, 원자, 소립자 형태로 쪼개고 쪼개다 보니, 진동하는 에너지만 남았다고 한다. 결국 모든 물질의 실체는 '파동 에너지' 그 자체인 것이다. 사람과 사람 사이의 공간이 떨어져 있는 것 같지만, 사실 미세한 현미경으로 관찰하면 한 사람 안에도 99%의 무수한 공간들이 존재한다. 그 공간과 공간은 분리되어 있지 않다. 이것은 사람뿐만 아니라 모든 사물에도 동일하게 적용된다.

명상은 이 에너지 파동을 인식하고 느끼는 수련을 하는 것이다. 오로지 자신이라고 인식했던 생각과 감정 그리고 몸을 다루는 방법도 배우게 된다. 특히 우리 생각의 운영체제인 뇌는 끊임없이 감각에 반응하고 수용한다. 그것을 멈추는 방법을 터득하지 못하면 계속해서 생각과 감정을 생산하여, 끝없는 드라마를 내 머릿속에서 틀어줄 것이다. 그러면 나는 그 '매트릭스' 안에서 살게 되는 것이다. 그러므로 잠시라도 생각을 꺼보라. 그러면 진짜 온전한 자신의 상태를 느낄 수 있고, 자신을 어떤 방향으로 이끌지 결정할 수 있게 된다.

02

누가
내 생각을
움직이는가?

∨

내가 전문적인 명상 트레이너가 되기로 결심한 이유는 내 삶을 조금 더 올바르게 이끌고 싶어서였다. 즉, 다른 사람들을 위해서가 아닌 나를 위해서 시작한 일이었다. 하지만 나를 지도했던 트레이너의 한 마디가 명상에 대한 나의 기준을 잡게 해 주었다.

"다른 이를 변화시킬 수 있어야 진정 내가 변화된 것이다."

그렇다. 진정 나를 위한다면 다른 이들을 이롭게 해야 한다.

본격적인 트레이너 수업에 들어가면서, 나는 2년 만에 모든 교육 과정을 이수했다. 센터를 운영할 수 있는 시스템 교육 시험도 통과했다. 이제는 내가 배우고 계획했던 것들을 하나하나 이뤄갈 일만 남았다. 다른 사람들을 제대로 도와줄 수 있었다.

센터를 운영하면서 목표로 삼았던 것은 오직 하나, 즉 명상을 쉽게 가르치는 것이었다. 사람들을 변화시키고 진짜 자신을 알게 해주려면 명상을 쉽게 가르쳐야 한다. 명상을 어렵지 않게 익히도록 도와주어야 한다. 아직도 수많은 사람들은 명상을 어렵고, 소수의 사람들만 하는 거라고 인식한다. 하지만 진짜 명상을 접하고 나면 너무도 쉬운 길이란 걸 알게 된다. 진짜 명상을 접한 사람들은 다른 사람과의 비교를 멈추고 자신만의 길을 가게 된다.

"나는 하고 싶은 게 없어요. 내가 뭘 원하는지 모르겠어요."

많은 청소년들 혹은 젊은이들은 이와 같은 고민을 한다. 나 역시 어릴 때부터 그랬다. 자신의 확고한 정체성과 성장 가능 분야를 개발하여 살아가는 사람들도 있지만, 그런 이들에게도 사회적·제도적인 장벽은 높기만 하다. 이 사회에는 이미 정해진 틀들이 있고, 그 속에서도 경쟁이 치열하여 많은 사람들이 성취하기가 힘들다.

이런 현상은 우리 사회의 틀이 견고해지고 안정되면서 더욱 두드러졌다. 오히려 기틀이 불안정하면 역동적인 에너지 흐름에 많은 사람들이 편승하여, 변화에 대한 긍정적인 동조현상이 일어난다. 그러면 사람들의 마음속에 해야 할 것과 원하는 것들이 저절로 발생하게 된다. 하지만 사회적인 틀이 견고해지고 안정될수록 사람들은 무료함을 느끼고 심지어 불안정함까지 느낀다. 나를 통해 변화될 것이 없기 때문이다. 한국의 자살률이 세계 1위라는 것은 한국의 틀이 견고해졌다는 것에 대한 반증이다. 많은 유럽 국가들도 개발도상국에서 선진국으로 들어서면서 비슷한 현상을 겪었다. 쉽게 표현하면 갑갑함을 느끼는 것이다. 사회적으로 변화를 일으킬 것이 존재하지 않고 틀은 견고해졌기에, 그 틀에 맞추지 않으면 사회적인 문제로 인식되는 것이다. 먹고사는 부분은 분명 예전보다 훨씬 좋아졌지만, 스스로 자신의 삶을 찾는 것은 더더욱 어려워졌다. 이런 것들을 느끼는 사람들이 기존의 틀에 문제를 제기하고 변화를 촉구하지만, 그 틀도 원래는 변화를 위해 만들어진 것이었다. 그걸 깨려고 하니 온갖 어려움을 겪고 그 틀을 만들어온 50~70대 층과 부딪칠 수밖에 없는 것이다. 어차피 모든 사람을 만족시킬 수 있는 사회 시스템은 존재하지 않는다. 계속 문제 제기만 하고 변화만 추구한다면 충돌이 발생할 수밖에 없다. 가장 좋은 방법은 기존 틀에 편승하지 않고 각자의 새로운 틀을 만드는 것이다.

몇 년 전에 많은 사람들에게 사랑을 받은 〈미생〉이라는 드라마가 있었다. 나는 사실 그 드라마를 그리 좋아하지 않는다. 많은 이들, 특히 직장인들이 회사 생활의 어려움과 사회의 부조리를 대변했다고 환영했지만, 나는 그걸 보는 내내 미생의 주인공 장그래가 이해되지 않았다. 장그래가 도전한 회사는 이미 틀이 견고하다 못해 변하기 힘든 무역회사이다. 그곳에서는 자신이 잘하는 부분을 찾을 수가 없고 오히려 부족한 부분만 부각된다. 그곳에서 일하기 위해 열심히 노력한 이들과 자신을 비교하며 스스로를 학대하는 장그래를 나는 도저히 이해할 수가 없었다. 장그래가 가장 잘하는 것은 '노력'이었는데, 그 노력을 통해 나중에는 조금씩 인정받고 새로운 기회를 얻게 되지만, 왜 굳이 그래야 하는지 이해가 되지 않았다. 왜 장그래는 무역회사에 있으려고 할까? 왜 저런 곳에 자신을 내던진 걸까? 저곳에서의 경력이 자신의 꿈과 무슨 관련이 있을까? 정말 갈 수 있는 곳이 저곳밖에 없나? 내가 볼 때, 장그래는 자신이 어떻게 살아야 할지 몰라서 그 회사에 들어간 것 같았다. 그래서 사람들의 인정이 필요했고, 그래서 열심히 일하는 모습을 보여야 했다. 정말 장그래가 원하는 삶은 나타나지 않은 것이다. 그저 기존 사회에 편승하기 위해, 가족의 도움으로 어쩔 수 없이 들어간 회사에서 열심히 노력하는 모습만 보였다. 할 수 있는 게 '노력'밖에 없다니, 그것은 '이 사회의 일원이 되기 위해 그리고 돈을 벌기 위해 나는 여기서 살아남아야 한다'는 자기학대인 것이다.

이 사회에서 살아남기 위해서, 살기 위해서 살아가다니! 이 사회의 틀이 그다지도 중요한가? 학교, 대기업, 국가 등 이 사회에는 이미 견고한 프레임이 형성되어 있다. 하지만 사람들은 그 주어진 프레임 안에서만 성공하려 한다. 이미 정해진 길에 있는 성벽을 열기 위해 너무

나 많은 노력을 한다. 이것은 시간 낭비이다. 왜냐하면 이 세상엔 너무도 많은 길이 있기 때문이다. 학교라는 오래된 틀을 바꾸기 위해 기존의 학교 시스템 자체를 바꿀 필요는 없다. 대신 대안학교나 홈스쿨링 같은 여러 대안들을 활성화시키면 된다. 좋은 교육을 받고 원하는 공부를 하여 자신의 역량을 높이는 것이 목적 아닌가? 그렇다면 학교라는 틀은 그리 중요하지 않다. 현재의 많은 학교들은 그 기능을 상실한 지 오래다. 굳이 기존의 큰 프레임과 싸우려 들 필요도 없다. 그 틀이 정말 중요한 것이라면 모를까, 그렇지 않다면 우리가 힘을 빼기에는 이 세상에 할 일이 너무나 많다.

우리가 대단하다고 생각하는 삼성도 창립한 지 70년 밖에 되지 않았다. 제대로 성장하여 해외에서 인정받은 건 30년이 채 되지 않는다. 애플도 30년이고, 구글은 20년도 되지 않았다. 자기보다 나이가 어린 기업을 위해 왜 인생을 걸어야 하는가? 경험을 얻고 시스템을 배우기 위해서는 나름대로 가치가 있겠지만, 그것을 위해 인생을 걸 정도는 아니라는 얘기다. 이 모든 건 정작 내가 하고 싶은 일이 무엇인지 모르기 때문에 발생한 것이다. 기존 프레임에 편승하는 방법밖에 알지 못하기 때문에 일어난 일이다. 생각해 보라. 자신이 정말 하고 싶은 건 대기업에 들어가고 학교에서 좋은 성적을 받는 것과는 무관할 것이다.

"나는 무언가를 만드는 게 너무 좋아요."

"나는 사람들과 이야기하면서 그걸 해결해 주는 게 너무 좋아요."

"나는 내 얘기가 사람들에게 재미있게 들리는 게 좋아요."

"나는 사람들이 모두 함께 공유하는 목표를 만드는 게 좋아요."

"나는 뭔가 편리하게 움직이는 실용적인 게 좋아요."

그러므로 회사의 이름이나 직업군이 아닌, 자신이 좋아하고 잘 맞는 부분에 계속 집중하는 것이 중요하다. 나는 고등학교 때까지 잘하는 것 하나 없고 하고 싶은 것도 없던 사람이었다. 하지만 해보지 않으면 알 수 없고, 열려있지 않으면 갈 수 없고, 걷지 않으면 만들어지지 않는 것이 길이다. 나는 틀에서 벗어나 내 길을 찾았다.

중요한 것은 자신이 누구이며 어떻게 살아야 하는지부터 확립하는 것이다. 그러려면 무엇보다 자기 자신과 소통하는 방법을 알아야 한다. 그 소통을 도와주는 게 바로 명상이다. 자신과 소통하는 방법을 알게 되면 자신에게 맞는 삶이 무엇인지 하나하나 알아가게 되며 또 찾아가게 된다. 그리고 자신에게 올바르고 집중된 일을 해나가다 보면 자신만의 새로운 틀이 하나씩 만들어진다. 그 틀 또한 견고해지는 순간이 올 것이다.

각각의 새로운 틀이 많이 만들어지면 이 사회는 그 틀들을 영입하기 위해 노력할 것이다. 어쩌면 국가들이 나서서 그 틀들을 유치하기 위해 경쟁할지도 모른다. "우리나라로 오세요. 우리는 이러한 의료혜택과 이러한 시설을 당신께 제공해 드리겠습니다." 그러면 우리는 여러 나라를 자유롭게 오갈 수 있고, 그 나라의 특색이 자신과 맞는지에 따라 나라를 선택할 수 있을 것이다. 장소에 상관없이 일을 하게 된다면, 내 세금을 어느 나라에 내는지에 따라 그 나라의 혜택을 보게 될 것이다. 이것은 한낱 꿈이 아니다. 개인의 성장이 이루어지면 개인이 학교를 선택하고 국가를 선택하는 이러한 일들이 충분히 이루어지리라고 믿는다.

03

나는 이제야
나이를
먹고 있다

∨

명상센터를 운영한지 7년째, 서울로 발령을 받아 목동에서 센터를 운영할 시기였다. 그때 한계에 부딪힌 적이 있다. 여느 때와 마찬가지로 새벽 인시수련을 마친 후, 교육생 중 트레이너로 성장한 회원과 이야기를 나누고 있었다. 그분은 공인중개 사무소를 운영하는 중년 여성이었는데, 수련도 정말 열심히 하시고 나와의 신뢰도 높은 편이었다. 그러다 보니 상담보다도 일상적인 이야기를 나누는 경우가 많았다. 그날도 이런저런 이야기를 나누고 있었는데, 하다 보니 남편과 시어머니에 관한 이야기를 하게 되었다. 그동안의 대화는 주로 상담이었기에, 내가 겪어보지 않은 문제에 대해서도 명상을 통해 해결방안을 찾을 수 있도록 도와주었다. 하지만 이 날의 대화는 그냥 일상적인 내용이었다.

며칠만 있으면 시어머니의 기일인데, 남편이 너무 힘들어한다고 한다. 시어머니가 돌아가실 때 남편이 임종을 지키지 못했기 때문인데, 그래서 기일이 올 때마다 혼자 산에 올라가서 2,3일 뒤에나 내려온다고 한다. 그걸 보는 자신의 마음 또한 너무 아프다는 것이다. 그러면서 남편에 대한 이런저런 이야기를 나에게 해 주었다. 가족 간 유대관계에 관한 이야기, 일상적이지만 나에게는 아름답게 들렸다.

"아, 원장님, 이런 이야기 재미없으시죠? 사람 사는 이야기들 별로 대단한 게 없어요."

그녀는 한참이나 이야기를 풀어내다가 웃으면서 말했다. 순간 내 머릿속에는 지금까지 내가 뭔가를 잘못하고 있었다는 생각이 스쳐갔다.

나는 구도를 하기 위해 명상을 시작한 게 아니었다. 특별해지기 위해 시작한 것도 아니었으며, 단지 '나'라는 사람이 어떻게 살아야 할지를 몰랐기에 시작한 것이다. 정말 나답게 살기 위해 시작했다. 명상센터를 운영하게 된 것도 나를 진짜로 변화시키려면 다른 이(모든 생명)를 변화시킬 수 있어야 한다는 내 트레이너의 말 때문이었다. 나를 지도했던 트레이너는 항상 나를 내려놓으라고 가르쳤다. 그의 말을 신뢰하며, 어설프게 배우느니 제대로 하겠다는 마음으로 열심히 한 것이고, 나를 제대로 변화시키려면 밑바닥까지 바꿔야 한다는 마음으로 열심히 한 것이었다.

하지만 그날 그녀와의 대화가 끝나자 나는 잠시 멍해졌다. 어느 순간 만들어진 또 다른 '나'라는 틀이 진짜 '나'를 막고 있을 수도 있다는 느낌이 스쳐지나갔다. 명상마스터라는 틀 말이다. 명상에서 일어날 수 있는 오류 중 하나는, 의식 확장에만 초점을 맞추다 보니 우리 주변에서 느껴야 할 일상생활들을 등한시한다는 것이다. 삶을 올바르게 즐기고 느끼기 위해 명상센터에 왔는데, 우리는 '이건 가짜니까 느끼지 않아야지' 하고 통제해버린다. '어두운 감정 상태에 있으면 안 돼! 나를 통제할 수 있어야 해' 하면서 자신을 고립시켜버리기도 한다.

처음에는 분리하는 연습이 잘 될 수도 있다. 하지만 그다음부터는 감정도 몸도 생각도 '나'일 뿐이다. 몸에서 화를 낼 수도 있고, 생각이 우울해질 수도 있다. 오히려 우울함은 창조의 반대 형태로 존재하기에 느껴야 하는 에너지 상태이다. 부정적 감정도, 긍정적 감정도 필요에 의해 존재하는 것이고, 그러므로 모두 느껴야 하는 것이다. 하지만 우리는 그런 감정들을 배척하고, 안 좋은 상태로 떨어질까 봐 전전긍긍하며 살고 있었다.

처음 명상을 시작하면 밝고 긍정적인 부분에 초점을 맞추어, '어둡다'라고 정의한 자신을 상쇄시킨다. 하지만 '나'라는 존재는 어두움이나 밝음으로 정의할 수 있는 게 아니다. 생각이 여기까지 미치니, 삶의 소명으로 느껴지던 명상이 커다란 짐으로 느껴졌다.

'내가 뭐라고 사람들을 상담하고 컨설팅을 하고 있지? 나는 가짜 가르침을 전달하고 있었던 게 아닐까? 진짜 고통을 느껴보지도 못했으면서 뭘 이해한다고 하는 거지?'

그 의심의 물음들은 꼬리에 꼬리를 물고 밤마다 나를 괴롭혔다. 그렇게 몇 달의 시간을 보내다 보니, 몸과 마음에 이상이 생겼다. 더 이상 센터에 있을 수 없어, 모든 것을 후임자에게 맡기고 그만두었다.

내 삶의 모든 것이었던 명상을 놓고 나온 지 1년, 그 기간은 정말 감정의 밑바닥을 경험한 시간이었다. 나의 전부였던 명상마스터라는 일을 너무나도 한순간에 놓고 나오니, 한동안은 멍한 상태가 지속되었다. 그렇게 밤인지도 낮인지도 모르는 시간을 몇 개월 동안 보냈다. 그냥 눈을 뜨는 시간이 낮이었고, 눈을 감은 시간이 밤이었다.

처음 느꼈던 상태는 자괴감이었다. 내가 나와의 약속을 저버렸고 나를 믿고 있던 사람들을 저버렸다는 죄책감이 동시에 몰려왔다. 그 마음을 회복하는 데 거의 1년의 시간을 보냈던 것 같다. 주말 밤낮없이 일을 하며 나의 존재 가치를 증명했던 것들이 사라지면서 들었던 생각은 '나는 그동안 이런 가치들로 나를 채워놓고 있었구나' 하는 것이었다. 사람과의 관계, 사회적인 일들이 사라지니, '나'라는 사람은 아무엇도 아닌 것으로 느껴졌다. 나라는 존재 가치가 흔들리니, 감정과 생각들이 요동치기 시작했다. 예민한 감정 상태와 자존감이 바닥에서 얼굴을 내밀었다. 나를 지켜보던 어머니와 언니는 처음 보는 내 감정 상태를 그저 묵묵하게 지켜주었다. 사실 그들이 아니었다면 그 시간을 이겨낼 수 없었을 것이다.

그때 처음으로 안도감이 들었다.

'나에게도 기댈 수 있는 사람이 있었구나.'

항상 벼랑 끝에 서 있는 느낌으로 책임이라는 무거운 짐을 지고 살았는데, 가족 또한 내가 짊어질 책임이라고 생각하며 살아왔는데 아니었다. 나는 그때부터 책임이라고 만들어 놓은 것들을 하나하나 내려놓기 시작했다. 그렇게 1년 동안의 휴식을 갖고, 20대 시절에 하고 싶었던 것들을 하나하나 실천해 보기로 했다. 먼저, 중간에 그만두었던 대학교도 편입할 준비를 하였고, 서울에 와서 해보고 싶었던 떡볶이집도 조그맣게 열어보았다. 그리고 오랜만에 만난 친구들과 여행도 가보았다. 새로운 사람들을 만나기 위해 동호회에 들어, 사람들과 일상적으로 어울리는 것도 시작해 보았다.

그렇게 일상이라는 것이 무엇인지 조금씩 접하고 나니, 다시 새벽 명상을 시작할 수 있게 되었다. 센터를 운영할 때에도 매일 새벽 4시 반에 일어나 명상을 했었지만, 그제야 비로소 진짜 나를 위한 명상을 시작하게 된 것 같았다. 교육을 받고 센터를 운영할 때는 즐겁게 다가 가지 못했던 일들이 이제는 하나하나 일상이 되어갔다. 그러면서 다시 열정적으로 움직일 동력이 생기기 시작했다.

　명상마스터를 그만두었을 때 내가 해보고 싶었던 것이 하나 있었 다. 명상에 여러 프로그램이 존재하지만, 그중에서 사람을 가장 빠르 게 변화시키는 것이 '사이코매트리'라는 것이다. 이것은 심리학 치료로 도 사용하는 것인데, 말하자면 '나는 용감한 사람이야'라고 백날 생각 해도 행동으로 한 번 실천해보지 않는다면 변화는 절대 이루어질 수 없다는 것이다. 그렇기에 연기나 노래, 춤 같은 문화예술이 의외로 가 장 쉽고 빠르게 사람을 변화시킬 수 있었다.

　그러한 이유로 나는 문화예술 쪽으로 알아보고 싶다는 막연한 생 각을 하고 있었는데, 마침 친언니가 아트홀에 아르바이트를 구한다는 정보를 알려주었다. 나는 무작정 이력서를 들고 아트홀을 찾아갔다. 아 트홀에서도 마침 하우스 매니저를 뽑고 있었는데, 공연 계통에서는 이 력이 없었지만 센터를 운영했던 이력이 있어서 다행히 일을 할 수 있 게 되었다. 내 나이 30살에 다시금 밑바닥부터 시작하는 순간이었다.

　어찌 보면 모든 회사의 업무들은 업종에 따라 조금씩 다르긴 하 지만 일맥상통하는 부분이 있다. 대신 그들의 언어를 배워야 했다. 하우스 매니저의 역할이 공연장을 관리하고, 공연기획자들이 공간을 잘 이용할 수 있도록 안내하는 것이었기에, 1년 반 동안은 조명, 음향, 영상 시스템 등 공연장 시스템을 익히는 데 집중했다. 밑바닥부터 배우는 입장이었기에 아트홀 감독들에게 하나라도 더 배우기 위하여 열심히 서포트를 해드렸다. 뒤에 알게 된 사실이지만, 원래 공연 계통의 엔지니어들은 예술적인 프라이드가 높기 때문에 자신이 관리하는 시스템을 잘 알려 주지도 않을뿐더러, 가르쳐 주는 일은 거의 없다고 한다.

그렇게 하나하나 배우다 보니 2년 정도가 지나서는 가벼운 시스템 정도는 다룰 수 있게 되었다. 아트홀에서 기획한 공연에 대해서는 조명 오퍼레이팅을 맡아서 진행하기도 했다. 그 외 사업 기획이나 마케팅 그리고 인력 운영에 대한 일도 했는데, 이러한 부분들은 명상센터를 운영하면서 계속 해왔던 일이었기에 어렵지 않았다. 결국 나는 하우스 매니저에서 시작해 3년 만에 관리팀장을 맡게 되었다. 그것을 계기로 하여 패션쇼 계통으로 이직을 하였고, 그곳에서도 사업 기획 및 인력 운영을 맡으며 3년, 그렇게 총 6년 동안 문화계에서 일을 하게 되었다.

7년 동안의 명상센터 운영과 3년 동안의 쉼 그리고 다시 6년 동안의 완전히 새로운 일, 이 모든 것들을 통해서 나 자신이 어떤 사람인지 더 자세히 알게 되었다. 그리고 무엇이든, 어디서든 밑바닥부터 다시 시작하는 것에 대한 두려움이 없어졌으며, 나만의 삶에 대한 개

넘도 스스로 정립하게 되었다. 예전에는 열심히만 달려왔다면, 이제는 균형을 잡으며 달릴 수 있는 사람이 되었다. 그동안 명상을 통해 수없이 사람들에게 이야기했던 '자신의 삶을 살아가는 것'을 스스로 실천해 보니, 그 뿌듯함이 나를 더욱 든든하게 만들어 주었다. 무엇보다 여러 가지 일들을 겪으며 가족들과의 관계도 더 끈끈해졌다.

　　나와 어머니 그리고 언니는 벌써 15년 동안 명상을 함께 하고 있다. 이제는 서로의 삶을 위해 가장 큰 힘을 주는 존재들이 되었다. 특히 어머니는 내 의식 성장의 동반자이다. 살면서 나는 한 번도 어머니가 욕을 하시는 것을 본 적이 없다. 나와 언니에게 허례허식을 가르치신 적도 없고, 무엇이 되라고 강요하신 적도 없다. 정말 묵묵히 언니와 내가 하는 일을 옆에서 지지해주고 도와주신다. 자신이 잘하지 못하는 부분은 솔직하게 이야기해서 도움을 요청하신다. 지나간 힘든 일은 오래 기억치 않으신다. 내가 살면서 본 사람 중 가장 긍정적인 사람이시다. 그리고 끝없이 본인이 원하는 일에 도전하신다. 나는 어머니에게 가장 위대한 유산을 물려받았다. 긍정적인 문제해결 능력, 이 부분에 관해서 어머니는 타의 추종을 불허한다. 아직도 아버지와의 관계는 남녀관계라 쉽게 해결하지 못하는 부분이 있으나, 그래도 투덕투덕 하며 서로를 의지하시는 걸 보면 참 대단하다고 생각한다.

어머니의 마인드는 '이 세상 모든 일은 문제가 있을 수 있다'는 사실에 전제를 둔다. 그래서 어머니는 사람을 믿지만 또한 믿지 않으신다. 아니, 정확히 말하면 '사람이 변한다'는 것을 믿으신다. 상황에 따라 변할 수밖에 없는 것이 사람의 마음이라는 것이다. 문제라고 생각했던 사람과의 관계도 '저 사람도 변할 수 있지' 하는 마음으로 보신다. 모든 일을 심각하게 생각하지 않으시지만 동시에 진심을 담아 이해하려 하신다. 사람 때문에 스트레스를 받아도 자신과의 인연이 아니라며 인연을 접거나, 관계 개선을 위해 노력하신다.

특히 어머니는 자신의 인생드라마를 신파로 만들지 않는 능력자이시다. 자신의 인생을 신파나 막장 드라마로 만들지 성장 드라마로 만들지는 전적으로 연출자 본인의 몫인데, 어머니는 결혼 이후 막장과 신파로 갈 수 있었던 인생 드라마를 지금까지 계속 성장 드라마로 만들어 가고 계시다. 이러한 삶을 사시는 어머니를 생각하면 항상 마음이 아리다. 나이가 드니 이제야 조금 어른이 되나 보다. 60여 년이 넘는 세월을 이렇게 버텨주신 것도, 그리고 계속해서 도전하는 삶을 살아가시는 것도 너무나 감사하다.

기도를 하면서 어머니를 가슴 깊이 존경하게 되었다. 나는 이제야 나이를 먹고 있다.

PART3

오래된 상처를
글쓰기 하나로
치유하다

PART 03

작가 이상주

상처편집디자이너, 작가, 칼럼니스트

평범한 회사원에서 미래를 위한 꿈을 찾아 늦은 나이에 편집디자인을 배우고, 지금까지 15년 넘게 편집디자이너로 일하고 있는 이 시대 두 아이의 엄마이자 워킹맘이다.

누구보다 상처를 많이 받아왔기에 그 상처를 치유하고 회복하는 방법을 더욱 잘 알게 되었다고 말하는 저자를 사람들은 상처편집디자이너라고 부른다. 저자는 상처를 치유하고 회복하기 위해 두 가지를 꿈꾼다. 그중 하나는 글쓰기이며 또 다른 하나는 글쓰기를 통해 나를 꺼내고 나를 알아가는 방법이다. 자신을 만나고 알아가는 글쓰기, 마음을 움직이는 글쓰기를 통해 저자는 많은 상처와 삶의 어려움을 이기고 극복해 왔다고 말한다. 이제 그 방법을 책을 통해 공유하고 더 많은 사람들의 상처를 보듬어주고 치료해주고자 현재 글쓰기에 관련된 자기계발서를 집필중이다.

최근에는 서울경제신문에 칼럼을 게재하기도 하면서 칼럼니스트로서의 활동도 시작하게 되었다. 수없이 많은 글쓰기 자기계발서가 넘쳐나는 이때에 자신만의 무기로 누군가 다시금 살아볼만한 세상을 만들어주고 싶다는 저자는 비타민 같은 존재가 되기 위해 오늘 이시간에도 여전히 글쓰기에 몰입중이다.

---

* INSTAGRAM : @sangjoo_designer
* BLOG : blog.naver.com/isangjoo
* E-MAIL : sangjoo95@gmail.com

내가 사랑하는 일에 믿음을 갖고 그 일을 계속 밀고 나갈 때,
비로소 그 일은 내가 가야 할 길로 나를 이끌어 줄 것이다.

_ 나탈리 골드버그

01

언니는
이미
작가였어!

∨

지난해는 내 인생에 있어서 가장 큰 터닝 포인트가 되었던 해이다. 마흔하고도 중반이 된 나에게 잠재되어 있던 꿈이 꿈틀거리기 시작했다. 가슴속 깊이 숨어 있던 꿈, 꿈이 있었는지조차 잊고 지내던 내게 작은 희망이 피어오르기 시작했다. 어쩌면 아주 오랜 시간 현재진행형이 되어 나를 강하게 이끌고 있었는지도 모르겠다. 언젠가 버킷리스트라는 것을 읽게 되면서 써오기 시작했던 나의 꿈, 바로 그 꿈을 이루기 위한 첫걸음을 뗀 것이다.

그런데 이게 웬 걸,

"끼익!" "쿵!"

그 꿈에 첫발을 디딘지 하루 만에 작은 사고가 났다.

월요일 저녁 퇴근길, 그 꿈에 더 가까이 가기 위해 버스 안에서 아주 편안하게 책을 읽고 있던 순간 갑작스러운 충격이 나에게 전해졌다.

'뭐지?'

생각할 겨를도 없이 내 몸은 미끄러졌고, 손에 들고 있던 책은 날아가 버렸다. 앞좌석에 머리를 부딪친 후, 내 몸은 쿵 하고 떨어졌다. 갑작스러운 급정거로 갈 길을 잃은 몸이 심하게 요동쳤다. 심장이 마구 뛰기 시작했고, 식은땀이 나기 시작했다.

여기저기 웅성거리며 볼멘소리가 들린다.

"뭐야? 운전 똑바로 안 해!"

그러자 운전기사가 다급하게 큰소리로 말한다.

"어디 다치신 분 없으세요? 없으면 출발합니다. 잘 잡으세요!"

"어, 여기 아줌마 쓰러…… 졌는데…….."

누군가 나를 의식한 듯 말을 했지만, 갈 길을 잃은 말꼬리는 사라졌고 기사는 듣지 못한 듯 출발했다.

보아하니 택시가 끼어들어 급정거를 한 모양이다. 어찌나 놀랬던지 가슴이 두근거리는 건 둘째고, 우선 화부터 났다. 일어나서 잘 살펴봐야 할 기사가 그냥 가는 것도 어이없었지만, 무심한 주변의 반응에 너무 서운하고 화가 났다. 우리나라 인심이 언제부터 이렇게 야박해지고 무관심으로 변했느냐 말이다.

기사님을 보니 연세가 지긋이 드신 분이다. 버스기사가 사고를 내면 상당한 불이익을 받는다는 얘기를 들은 적이 있다. 저 분도 누군가의 아빠이고 가장일 텐데 불이익을 받으면 어쩌나 하는 생각에 그냥 넘어가려고 했지만, 일단은 내 건강이 우선이란 생각이 들었다. 결국 난 입원을 하였다. 다행히 뼈에는 이상이 없는데, 목에 변형이 일어났단다. 아마도 목 디스크가 있는 고질병을 건드린 듯하다.

그렇게 나의 입원생활이 시작되었다. 아이들을 낳고 키우며 워킹맘으로 쉬지 않고 일해오던 내게 입원생활은 꿀맛 같은 휴식이나 다름없었다. 누군가 말했다.

"그동안 열심히 일했으니 좀 쉬어."

그 말이 잠시나마 위로가 되었다.

'그래, 나 정말 열심히 살아왔다. 쉴 새 없이 아이들 돌보랴 집안일 하랴, 거기다 아버님도 모시면서 직장까지 다녔지. 나를 위한 여가시간도, 나를 돌아볼 여유도 없이 살아왔어. 그래, 쉬자. 며칠쯤 쉬어도 되겠지.'

이렇게 나를 위로하며 오랜만에 나만의 휴식을 맞이했다. 비록 병원이었지만 집안일도 회사일도 잠시 내려놓고 쉴 수 있는 그런 시간이었다. 이틀간은 부딪힌 충격으로 인해 온몸이 뻐근하고 힘들었지만, 병원에 있는 동안이라도 이 휴식 같은 시간을 좀 더 알차게 보내기 위해 계획표를 짜기 시작했다.

먼저는 안정을 취하고 꾸준히 물리치료받는 것, 그리고 새롭게 시작한 나의 꿈을 위해 이 시간을 더 알차게 사용하는 것, 즉 좀 더 많은 책을 읽고 좀 더 많은 글을 쓰기로 결심했다. 또한 그동안 바빠서 연락도 못하고 지냈던 지인들에게 안부 메시지 넣기, 통화하기 등 온전히 나를 위해 사용할 수 있는 하루 일과를 구체적으로 써 내려가기 시작했다.

그러다가 오랜만에 막내 여동생과 통화를 하게 되었다. 지난해 3월 결혼식을 올린 동생인데, 우연찮게 나와 결혼기념일이 같다. 41살이란 늦은 나이에 결혼한 동생, 왠지 마음 한구석이 늘 쓰이는 동생이다. 결혼하고도 서로 바쁜 탓에 제대로 만나보지도 못했기에 우리의 통화는 길어졌다. 결혼생활에서 오는 현실감과 생각지도 못했던 부딪힘까지, 이런저런 대화를 하다가 문득 동생이 물었다.

"언니는 요즘 어때?"

"나? 나야 뭐, 정신없이 바쁘지."

"병원에서 뭐가 바빠?"

"아, 그런 게 있어……"

"그런 게 뭔데? 언니 뭐 있구나!"

하여튼 눈치 하난 빠른 동생이다. 워낙에 속 깊은 얘기를 많이 하던 사이라, 전화 목소리만으로도 무슨 일이 있는지를 감지했다. 그때까지만 해도 내가 시작하는 꿈에 대하여 아무에게도 말하지 않았는데, 그렇게 나의 새로운 도전에 대해 이야기를 하기 시작했다.

"언니 책 쓰려고. 그런데 이제 막 시작했는데 사고가 났네? 그런데 뭐……, 시간이 많으니 책 쓰기에는 이보다 좋은 기회가 없지. 잘 해낼 수 있게 응원해줘!"

수화기 너머 멀리서 동생이 미소를 짓는 모습이 보인다.

"언니, 언니는 이미 하고 있었어. 언니는 이미 작가야. 난 새롭지도 않다, 뭐."

아, 동생의 뜻밖에 말에 마음이 뜨거워지는 건 왜였을까? 이미 하고 있었다는 말, 그리고 이미 작가라는 말이 그 어떤 응원보다도 따뜻하고 힘이 됐다.

그랬다. 난 항상 쓰고 있었다. 작게는 일기부터 손 편지, 그리고 라디오에 사연을 보내며 경조사를 챙기고 감사의 글을 올리던 것을 우리 온 식구들은 예전부터 보고 들어왔다. 그저 쓰는 게 좋아서 썼던 일상들, 그런데 쓰다 보니 진심이 묻어 나왔다. 그리고 그 진심에 감동을 받는 사람도 있고 힘을 얻는 사람도 있다 보니, 더 많은 글을 썼던 것 같다. 내가 그렇게 많은 글을 오래도록 쓰고 있었다는 사실도 최근에야 알게 되었다.

중학교 때부터 시에 관심이 많았던 나다. 지금 생각해보면 나름 지었던 자작 시들이 참으로 유치한 글이었지만, 당시에는 나의 마음을 다스리는 데 시보다 좋은 것은 없었다. 교내 백일장 대회에서 우연히 상을 받으면서 시에 대한 관심과 애정도 커져갔다. 그리고 고교 시절 운명처럼 만나게 되었던 시인까지, 작가가 되기 위한 나의 마음은 계속 요동치고 있었던 것 같다.

글을 쓰게 된 원인을 생각해보니, 그건 바로 외로움이었다. 어려서부터 우린 철저히 외로움 속에서 지냈다. 한참 부모님의 사랑을 받을 나이에 부모님과 떨어져 지냈고, 그 시간이 길어지면서 마음의 문이 닫혔다. 지금 생각해보면 나 스스로도 견딜 수 없는 외로움과 허전함에 어린 동생들을 못 챙긴 것 같아 미안하기도 하고 후회가 되기도 한다.

내 생각만 했던 것 같다. 나보다 어린 두 동생에게 힘이 되어주지도 못하고 버팀목이 되어 주지도 못했다. 나보다 힘들었을 동생들을 생각하니 가슴이 먹먹하다. 힘들다는 소리조차, 부모님이 보고 싶다는 말조차 우리는 서로 안 했던 것 같다. 그저 마음을 닫았듯이 입도 닫고 살았던 날들이었다.

나에겐 넉넉함도 여유도 없었다. 마음의 넉넉함 나 자신을 이해하고 세울 수 있을 때에나 가능한 것인데, 그땐 왜 나에게만 이런 일이 있어난 건지 이해할 수 없었기 때문이다. 어쩌면 삶은 우리가 끌어안고 받아들일 수 있는 마음을 키우기 위해 끊임없이 우리에게 무언가를 만들어주는지도 모르겠다. 바위가 거친 바람과 파도를 묵묵히 받아내듯, 어쩌다 크나큰 쓰나미가 자신의 뺨을 때리고 지나가도 조용히 참아내듯 말이다.

나의 새로운 도전에 가장 기뻐하고 응원을 보내 주셨던 건 바로 부모님이다.

"넌 잘 될 거야, 너라면 할 수 있어."

엄마는 무조건 반기셨다.

아빠는 한동안 말을 잇지 못하셨다. 그저 미안하단 말 밖에는.

"아빠가 더 공부시켰어야 했는데, 그랬으면 네가 하고 싶었던 일도 하고 꿈도 벌써 이뤘을 텐데……. 미안하다. 미안하다, 상주야."

그렇게 말씀하시는 아빠 말에 왠지 어린 시절 보냈던 그토록 외로웠던 삶을 보상이라도 받듯 가슴속에서 뜨거움이 요동치며 눈물이 났다. 나 또한 한동안 말을 잇지 못했다.

"아빠, 어쩌면 그런 삶이 있었기에 내가 글을 쓰고 작가의 길을 갈 수 있는 계기가 된 것 같아요. 지금이라도 시작했으니 된 거죠. 그렇게 생각하지 마세요. 항상 큰딸 믿어주고 응원해주는 것만으로도 감사해요, 아빠!"

그랬다. 어쩌면 그런 힘들고 어려운 경험들이 있었기에 그 삶들을 녹여내며 글을 쓸 수 있는지도 모르겠다. 외로움이 원인이었고 일기가 그 시작이었지만, 노트 한 권 한 권을 써가며 한 데 묶어 점점 두꺼워지는 일기장을 보면 뿌듯하기까지 했다. 쓰는 것을 좋아해서 썼는지 쓰다 보니 좋아졌는지 모르겠지만, 쓰다가 울 수도 있었고 웃을 수도 있었으니 그저 행복했다.

전 세계에 글쓰기 붐을 일으킨 주인공이자 시인이며 소설가인 나탈리 골드버그는 이렇게 말했다.

"작가가 쓰는 글은 이 세상 모든 것을 재료로 해서 이루어진다. 우리는 소중한 존재들이며, 우리의 삶 또한 그러하다는 것을 작가가 되려는 당신은 알고 있는가? 덧없이 지나가 버리는 세상의 모든 순간과 사물들을 사람들에게 각인시켜 주는 것, 그것이 작가의 임무다."

나의 삶이 내 글의 재료가 되고 어느 것 하나 허투루 버릴 수 없다는 것을 알게 된 것, 그것이 작가의 길에 들어선 내가 새로 얻은 깨우침이다.

'언니는 이미 작가였다'는 동생의 말이 글을 쓰는 지금까지도 가슴 깊이 남아있다. 나의 글을 읽어주고 그 글에 담긴 내 마음을 알아주었던 동생과 가족들에게 새삼 감사한 마음이 든다. 글을 쓰다 보니 어느새 나는 작가의 길을 걷게 되었다. 아직은 역량이 부족하지만, 모든 것이 그러하듯 하나하나 배워나가며 많은 사람과 마음을 나눌 수 있는 작가가 되고자 한다.

꿈을 꾸기만 하는 자는 그 꿈과의 거리를 결코 좁히지 못할 것이다. 그러나 꿈을 향해 움직인다면 그 꿈은 점점 가까워질 것이다. 포기하지 말고 자신의 꿈을 향해 움직여라. 움직인다면 당신은 반드시 이룰 것이다.

02

쓰는 순간,
모든 것이
변했다

∨

"때를 놓치지 마라. 사람은 이것을 그리 대단치 않게 여기기 때문에 기회가 와도 그것을 잡을 줄 모르고 불평만 한다. 기회는 누구에게나 온다."

미국의 기업인이자 자선사업가인 앤드류 카네기의 말이다.

하지만 '때'라는 것을 어떻게 알고 어떻게 놓치지 않을 것인가? 나에게 다가온 것이 기회인지 아닌지 어떻게 분별할 수 있을까? 한창 무언가를 쫓아서 바쁘게 움직이던 나에게 다가왔던 일들이 우연인지 필연인지, 때인지 아닌지 분별하기는 힘들었다. 그저 부딪혀내기만 했던 것 같다. 무언가를 잡기보다는 그저 좇아가기만 했던 기억이 난다.

나는 '가다 보면 나에게 맞는 길을 만나겠지!'라는 막연한 생각으로 많은 시간들을 낭비했다. 그냥 열심히 살면 잘 될 줄 알았다. 그러나 열심히 살면 살수록 더 힘들어지기만 하는 내 모습을 마주하게 되었다. 착하게 살면 모든 사람들이 나를 좋게 봐줄 줄 알았다. 그러나 착하게 살수록 사람들은 나를 이용하려 들었다. 그래서 사회생활을 하면서 깨닫게 되었던 건, 세상은 열심히 살 필요도 착하게 살 필요도 없다는 것이었다.

그렇다고 되는 대로 막 살라는 의미는 아니다. 욕심을 내되 나를 먼저 사랑하는 방법이 빠져 있으면 안 된다. 내 삶은 남을 위한 삶이 아니다. 나를 먼저 사랑하고, 나를 기쁘게 하고, 내가 즐거워야 한다. 하지만 내 감정은 배제된 상태에서 남을 먼저 의식하고 살았으니 내가 즐거울 리 없었다.

어린 시절의 삶은 나를 주눅들게 하고, 반평생을 살아오면서 나를 오도 가도 못하게 붙잡아매고 있었다. 마치 힘이 없는 어린 시절부터 뒷다리를 말뚝에 묶어놓은 거대한 코끼리처럼 말이다. 그 코끼리는 성장해서 스스로 말뚝을 벗어날 수 있는 힘이 있음에도 말뚝에 묶인 채로 살아간다. 움직일 수 있는 그 주변만을 자신의 한계로 정해버린 코끼리는, 심지어 말뚝을 빼도 평생을 그 주변에서 벗어나지 못하고 길들

여겨 산다.

이와 같이 나도 그 어떤 시도도 해보지 않은 상태에서 멈춰있었던 적이 있다. 벗어나고 싶었지만, 그 어떤 노력도 할 수 없었다. 환경 탓을 하기도 하고 때로는 부모님 탓을 하기도 하면서, 여기에서 더 나아갈 수 없다는 생각에 지배를 받았던 것 같다. 그럴수록 내 자존감은 더 떨어지고 나는 자꾸만 숨게 되었다. 분명 나에게도 많은 기회가 있었고 때가 있었음에도 용기를 내지 못한 것이다.

그럴 때 친구처럼 나를 위로하고 내게 용기를 주었던 건 일기였다. 나는 답답하고 외롭고 우울했던 마음들을 풀어낼 공간이 필요했다. 누가 보지 않고 알 수도 없는 공간, 바로 일기장이었다. 하지만 마음을 꺼내는 것이 두려웠을까? 내 일기장에는 자물쇠가 채워졌다. 절대 누구에게도 들키고 싶지 않은 마음과 또 다른 나를 꺼내는 일이었기에 함부로 오픈할 수가 없었다. 철저히 혼자만의 비밀공간이 되었다. 그런데 쓰면 쓸수록 마음의 자물쇠도 일기장의 자물쇠도 풀리고 있었다. 아주 친한 친구에게 속 깊은 얘기를 다 털어놓고 나면 후련해지듯, 그렇게 모든 것을 꺼내기 시작하자 마음속에 여유가 생기기 시작했고 숨 쉴 공간이 생겨났다. 또한 생각 자체가 바뀌어가기 시작했다. 숙이고 있던 내 자존감은 서서히 일어서기 시작했고, 숨어 있던 내 자아가 세상을 향해 노크를 하기 시작했다.

심리학자들은 사람이 마음속에 결의를 다지고 있으면, 그 계획이 준비 단계에 있을 때부터 이미 용모에 나타난다고 분석한다. 그래서일까? 요즘에는 나를 보는 사람들마다 한 마디씩 한다.

"뭐 좋은 일 있어요? 얼굴이 좋아졌네."

우울하고 슬프면 그 감정이 그대로 얼굴에 묻어나듯, 요즘 글을 쓰면서 자신감을 갖다보니 그 행복해하는 마음이 그대로 얼굴에 나타나는 것이다.

어쨌든 생각이 바뀌니, 그동안 환경과 부모님 탓을 했던 나 자신이 부끄러워졌다. 내 과거가 얼마나 나에게 고된 삶을 이겨내고 견뎌낼 수 있는 밑거름이 되었는지를 알게 되었다. 물론 기억하고 싶지 않고 다시는 꺼내고 싶지 않았던 시간들이었지만, 그 또한 소중한 시간들이었고 나만의 경험이었다는 것을 글을 쓰면서 알게 되었다. 나의 마음을 지배하고 있던 어두운 벽이 어느새 의지의 힘이 되어 내 두뇌에 자극을 주고, 그 자극이 글로 써지면서 강력한 에너지를 발산하게 되었다.

일기를 통해 자신을 극복한 유명한 작가도 있다. 10여 년 동안 우울증과 알코올 중독에 빠졌다가 거기에서 벗어나 창의성 관련 멘토로 활동하고 있는 소설가이자 시인 줄리아 카메론이 그 주인공이다. 그녀가 10여 년의 고통에서 벗어날 수 있었던 비결은 매일 아침 글을 쓰는 것이었다. 어느 날 아침 아무 생각 없이 노트를 펴놓고 생각나는 대로 글을 쓰기 시작한 줄리아 카메론. 그렇게 며칠을 하다 보니 굳이 의사를 찾아가거나 술을 마시지 않아도 자신의 기분을 표현할 수 있게 되었다고 한다.

이처럼 어떠한 양식이나 형식도 따로 필요 없다. 그저 생각나는 대로, 떠오르는 대로 쭉 적어나가면서 마음을 쓰면 된다. 이는 누군가에게 말하고 나서 속이 후련해지는 효과와도 비슷한 경험이 될 것이다. 글을 쓴다는 것은 손을 움직여야 하는 육체적 행위인 동시에 생각해야 하고 기억해내야 하는 정신적인 행위이기도 하다. 물론 귀찮을 수도 있다. 하지만 아주 사소한 움직임이 얼마나 큰 변화를 가져오는지, 상처 치유와 마음 회복이 어떻게 나타나는지를 쓰다 보면 글쓴이 스스로가 느끼고 놀라게 될 것이다. 그 과정이 있어야 나 자신을 만나게 된다.

"종이에 당신의 목표들을 적어라. 당신이 그 목표들을 이루는 모습을 머릿속에 그려라. 기대에 찬 긍정적인 태도로 그것들에 대해 자주 말하라."

– 나폴레온 힐, 『놓치고 싶지 않은 나의 꿈 나의 인생 2』 중에서

이 말은 "종이 위에 쓰면 이루어진다."라는 말과 상통한다. 2년 전,

서점에서 우연히 『종이 위의 기적, 쓰면 이루어진다』라는 책을 만났을 때 의아했던 적이 있었다.

'쓰면 이루어진다고? 정말?'

당장이라도 읽고 싶어지는 제목이었다. 그 방법이 궁금해지는 제목이었다. 그런데 책을 읽어 내려갈수록 나 역시 그 과정을 이행하고 있었음을 발견했다. 새해를 맞이하며 썼났던 계획들, 일기장에 써 내려갔던 바람들, 그리고 반성의 글과 감사의 글까지 이미 모든 건 글을 통해 이루어가고 있었다는 것을 깨달았다.

나의 목표를 적고, 생각하고 말한다는 것, 그것은 바로 이룰 수 있다는 자신감이었다. 내가 정확히 무엇을 원하는지, 정확히 언제 그것을 이루고 싶은지, 나는 그것을 위해 정확히 무엇을 바치고 노력할 수 있는지를 분명하고 정확하게 썼을 때, 그것들은 나에게 하나씩 이루어져 갔다.

사람은 자신이 하는 일에 확신이 있어야 한다. 그리고 뜨거운 열정이 있어야 한다. 그것만이 성공의 지름길이다. 자신을 믿고 자신의 목표를 써보라. 쓰다 보면 자신의 목표가 분명하게 보인다. 내 목표가 보이는 순간, 나는 본능적으로 움직이고, 결국 이루어낸다. 이것이 바로 글쓰기의 힘이다. 쓰는 순간 이루어지는 것이다.

자동차는 기름 없이 얼마나 갈 수 있을까? 버티고 버티더라도 결국엔 서버리고 말 것이다. 그러므로 자동차가 서기 전에 기름을 넣어주고 잘 돌아갈 수 있도록 해줘야 한다. 또한 기름을 넣었다 한들 그대로 주차장에만 방치해둔다면 차의 성능은 분명 떨어질 것이다. 여기서 자동차를 '나'로 비유해보자. 우리는 나를 돌보지 않고 남만 돌보면 안 된다. 내가 잘 되고 내가 움직이려면 내면에 있는 나를 먼저 점검해야 된다. 겉으로 보이는 내 외면만 신경쓰다보면 마음은 자꾸 움츠러들 것이다. 나를 돌아볼 수 있는 방법, 가장 정확한 진단을 내릴 수 있는 방법은 글을 써보는 것이다. 글은 진지하다. 글은 정직하다. 그리고 글은 힘을 가지고 있다.

영성 지도자 소니아 쇼케트는 이렇게 말했다.

"당신이 의식하든 그렇지 않든, 단어의 힘은 진짜다. 모든 단어 안에는 에너지가 흐른다."

그렇다. 모든 단어 안에는 에너지가 흐른다. 그렇기에 그 단어들이 모인 글은 엄청난 에너지가 흘러넘치는 것이다. 글을 쓴다는 건 어마어마한 에너지를 받을 수 있는 기회임이 분명하다. 나는 글을 쓰면서 그것을 단지 치유의 목적, 그리고 나를 드러냄의 발견이라고만 생각했는데, 사실 그 가운데에서 얼마나 엄청난 에너지를 느꼈는지 모른다. 이 에너지는 말로 설명할 수조차 없는 에너지임이 분명하다. 글쓰기를 통해서만 발견할 수 있는 에너지이다.

브라질 출신의 소설가이며,『연금술사』로 세계적인 작가의 반열에 오른 파울로 코엘료는 마음이 깨이면서 글을 쓰게 되었다고 말한다.

"아무도 자기 마음으로부터 멀리 달아날 수 없다. 그러니 마음의 소리를 귀담아듣는 편이 낫다."

그러나 나는 거꾸로, 글을 쓰면서 마음이 깨이기 시작했다. 마음이 답답하고 먹먹해도 나만 참으면 보이지 않고 드러나지 않았기에 어쩌면 나는 내면에서 울리는 마음의 소리에 귀 기울이지 않고 그 많은 세월을 힘들게 견뎌왔는지도 모르겠다. 마음의 소리에 귀를 닫고, 모른 척하거나 아닌 척하면 지나갈 줄 알았다. 그리고 시간이 지나면 괜찮아질 줄 알았다. 하지만 나에게 있어서 내 마음이 얼마나 중요했는지 그 마음으로 인해 내가 얼마나 아프고 힘들었는지를 나는 모르고 있었다. 나에게 보내는 사인을 번번이 모른 척 묵살했으니 말이다. 그러다 글을 통해 다친 마음을 위로하고 내가 내 마음의 소리를 귀담아들으며 마음이 깨이기 시작했다.

나에게 있어서 글을 쓴다는 건 새로운 인생을 사는 방법이다. 글을 쓰는 순간 모든 것은 분명히 변했다. 내 생각이 변했고, 내 삶이 변했다. 내 꿈은 확실해졌고, 난 그 꿈대로 움직이며 이루어가고 있다. 더 이상 시간낭비를 하지 않고 남과 비교하지도 않는다. 그러므로 나를

바꾸고 싶고 지금까지의 나와는 전혀 다른 나를 만들고 싶다면, 지금

부터라도 써라. 쓰는 순간, 당신의 모든 것도 분명 변할 것이다.

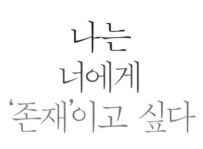

03

나는
너에게
'존재'이고 싶다

한 해를 마감하고 새해를 맞이하면서 또는 명절이나 생일을 맞이하여 가까운 지인에게 안부 문자를 넣을 때가 있다. 때로는 형식상 보내는 문자도 있지만, 분명 진심으로 마음이 가는 상대가 있다. 생각하다 보면 저절로 미소가 지어지고, 그 사람이 행복하기를 바라는 간절한 마음이 드는 사람 말이다. 그럴 때면 한 가지 더 드는 생각이 있다.

'나는 누군가에게 어떻게 기억되고 있을까?'

사실 나는 직장이나 대인관계에 있어서 끝이 나쁜 적은 없었다. 무슨 일이든 최선을 다했고, 어디에서도 나를 드러내지 않고 묵묵히 내게 주어진 일을 하다 보니 인정도 받았다. 어쩌면 큰 욕심 없이 지극히 평범하게 삶을 살아왔는지도 모르겠다.

그런데 이제 욕심이 생긴다. 삶에 욕심이 생기고, 나의 꿈에 욕심이 생긴다.

우연이 라디오에서 들은 얘기인데, 상당히 의미 있게 내 뇌리에 남은 말이 있어 적어본다.

"같은 물을 먹고도 소는 우유를 만들고 뱀은 독을 만든다.

같은 시간이 흘러도 부패하는 음식이 있고 발효가 되는 음식이 있다.

같은 것에 대해서도 보고 듣고 배우고 알아 감을 머리에만 담는 사람이 있고 가슴으로 내려오게 하는 사람이 있다."

참으로 삶에 의미를 부여하는 말이다. 그동안 어떻게 살아왔는지 돌아보게 되는 말이다. 이 가운데 난 어디에 해당할까? 보고 듣고 배우고 알아 감을 머리에만 담는 사람이 아니라 가슴으로 내려오게 하는 사람이 되고 싶다. 그래야 또 누군가의 가슴속에 따뜻하게 전해줄 수 있을 테니 말이다.

그래서 더 많은 사람에게 유익한 작가가 되는 것이 내 앞으로의 바람이다. 남들이 나로 인해 힘을 얻고 용기를 얻고 행복할 수 있도록 따뜻한 글을 전하고 싶다. 그러기 위해서는 먼저 나부터 돌아봐야 한다. 내가 행복해야 그 행복을 전달할 수 있지 않겠는가?

　　내가 행복할 수 있는 일. 며칠 전 나는 버킷리스트에만 계속 올라가 있던 것 하나를 실행했다. 바로 엄마와 함께 가는 제주도 여행이었다. 도무지 시간이 안 나서, 바빠서, 여유가 없어서, 그렇게 매번 핑계속에 이루지 못했던 일을 무조건 실행했다. 일단 가기로 결심하고 계획을 짜다 보니 모든 것이 일사천리로 순조롭게 진행되었다. 다만 안쓰러웠던 것은 그동안 몸이 많이 안 좋아지신 엄마의 모습 때문이었다.

　　참으로 신기했다. 마음만 먹으면 이리도 쉽게 되는 것을 그동안 왜 꿈으로만 갖고 있었을까? 아마 결혼해서 가정을 이룬 딸들이라면 엄마와의 여행을 모두 바라고 있을 것이다. 한평생 자식들 키우고 남편내조하며 자신을 내려놓고 희생만 하신 엄마, 그 희생에서 잠시 벗어나 행복해 웃는 엄마의 모습을 보고 싶었다.

　　요즘 신세대 중에는 "나는 절대 엄마처럼 희생하지 않을 거야."라고 하며, 자신의 일과 사랑을 모두 즐기는 엄마들도 있다. 심지어 아이를 낳지 않는 사람들도 있다. 여전히 엄마라는 이름은 고된 직업 같다. 아마도 이 세상의 딸들은 당연하게 생각했던 엄마의 모습을 직접 겪으면서 엄마를 떠올릴 것이다. 어쩌면 그러면서 진정한 엄마가 되어 가는지도 모르겠다.

여행하면서 엄마가 밝게 웃으셨다.

"엄마 평생 가장 행복한 순간이다. 너무 좋다. 고맙다, 딸!"

엄마는 나에게 또 다른 아픔이다. 여행 한 번 다니지 못하고 친구들 한 번 만나지 못하고 살아오셨던 엄마란 삶이 늘 안타까웠다. 그래서 난 엄마에게 늘 쉼이 되어주고 싶었다. 모든 걸 다 쏟아내어도 받아줄 수 있는 일기처럼, 좋아하는 것을 함께할 수 있는 친구처럼 말이다. 엄마는 나에게 늘 미안해하시지만, 엄마의 마음을 이해할 수 있고 위로할 수 있는 나이가 되어 오히려 다행이다. 어느덧 나도 40대 중반을 넘어섰다.

일반적으로 40대에서 50대가 인생에서 가장 결실이 많은 시기라고 한다. 책을 보면서 나도 모르게 이 문구에 고개를 끄덕이게 되었다. 수천 명의 남녀를 분석한 결과 밝혀진 사실이라고 하는데, 그러고 보니 나의 10대부터 20대, 30대는 모든 게 막연한 시기였다. 누군가에게 끌려다니고, 표현하지도 못하고, 꾹꾹 참아내기만 했던 것 같다. 그래서 더욱 힘들었다. 학창시절, 연애시절, 결혼생활에 이르기까지, 그 시기는 어쩌면 위태롭게 세워져가는 젠가처럼 모든 게 불안한 시기였다.

그랬던 나의 삶이 정말 40대에 들어서면서 거짓말처럼 안정적으로 변하기 시작했다. 어느 순간부터 나 스스로 선택하고 결정했으며,

후회를 하든지 만족을 하든지 모든 게 내 뜻대로 이루어져 갔다. 누군가로 인해 힘든 일이 생겨도 그 힘듦을 이길 수 있는 지혜가 생겼고, 무언가에 새롭게 도전을 해도 헤쳐 나갈 수 있는 용기와 끈기가 생겼다. 어쩌면 한 해 한 해 사회생활을 하면서 단련돼 가고 있었는지도 모르겠다. 그 절정이 40대라는 틀 안에서 온전히 새로워지는 게 아닌가 싶다.

"자꾸만 내가 흔들리는 이유는 오직 하나, 내 인생이 남의 지문으로 가득하다는 거.
버리자. 더 이상 버릴 게 없는 내 것으로부터 인생을 다시 시작하자."
– 알렌 코헨, 『내 것이 아니면 모두 버려라』 중에서

더 이상 버릴 게 없는 내것으로부터 인생을 다시 시작하는 것, 이것이야말로 제2의 인생이 아닐까 싶다. 이제는 가슴 뛰는 삶을 경험하고 있고, 심장이 반응하는 대로 움직이고 있다. 지난 세월을 돌이켜보니 나는 참으로 많은 것을 찾아 헤맸다. 어떻게 하면 더 좋은 직장을 갈 수 있을까, 어떻게 하면 더 많은 돈을 벌 수 있을까, 미래를 위해서는 어떤 일을 해야 할까, 항상 이런 생각 속에 있었다. 그런데 정작 40이 넘어서 생각하게 된 것은, 정말로 하고 싶은 일을 해야 한다는 것이

다. 돈 때문에 못하고 내 상황이나 환경 때문에 못했던 일들을 결국은 늦은 나이가 돼서야 후회하며 시작하게 된다는 것을 알게 되었다.

언제까지, 도대체 언제까지 내가 진정으로 하고 싶은 일을 미룰 것인가?

이제 와서 가장 후회하는 게 있다면 좀 더 빨리 나를 찾지 못한 것, 내가 정말 하고 싶었던 것을 다 미뤄놓고 '언젠가는 하겠지' 하며 마음을 눌러버린 것이다. 그 '언젠가'만 기다리며 낭비한 시간들이 너무나 후회스럽다.

좋아하는 일, 가슴 두근거리는 일을 하면 이렇게 행복한 것을, 얼마나 돈을 많이 번다고 여기저기 기웃거렸나 모르겠다. 지금은 내가 좋아하는 일을 하면서 마음껏 즐겨야 결국은 그 즐거움이 누군가에게 기쁨이 되고 용기가 될 수 있다는 것을 몸소 느끼고 있다. 또한 "나는 가치가 있다." "나는 할 수 있다."라고 믿는 자세가 얼마나 중요한지도 알게 되었다. 억지로 나의 가치를 올리려 애쓰지 않아도 자신을 믿고 인정하는 그 믿음이 나를 세워준다는 것이다.

시인이자 소설가인 나탈리 골드버그는 이렇게 말했다.

"내가 사랑하는 일에 믿음을 갖고 그 일을 계속 밀고 나갈 때, 비로소 그 일은 내가 가야 할 길로 나를 이끌어 줄 것이다."

결국 나를 이끌어 주는 건 내가 사랑하는 일이다. 나를 이끌었던 글쓰기, 나에게 있어서 글을 쓴다는 건 삶이었다. 가장 평범하다고 생각했던 나의 이야기가 나만이 쓸 수 있는 이야기가 되어 이제《글쓰기로 내면의 상처를 치유하다》제목으로 출간 되었다. 시간의 소중함을 깨닫게 된 지금은 결코 한 시간도 헛되이 보내고 싶지 않다.

기회는 항상 오지 않는다. 지금 이 순간 내 앞에 와있는 기회를 놓친다면 나는 또다시 1년을 버릴 것이다. 어쩌면 10년이 지난 후에도 같은 자리에 머무르며 같은 생각을 하고 있을지 모른다. 기회가 오면 강한 끌림이 있기 마련이다. 그 끌림이 있을 때 주저하지 말고, 길게 생각하지 말고 그 마음을 따라가 보기 바란다. 지금 내가 서 있는 곳에서 할 수 있는 일부터 하자. 좋아하는 일을 지금 당장 하지 않는 사람은, 기회가 찾아와도 하지 않을 것이다. 아마도 못하게 된 이유를 줄줄 외면서 변명만 하고 있을 것이다.

이것 하나만 기억하자. 인생에서 가장 중요한 것 중 우리가 놓치고 있는 것은 자신에게 관심을 갖는 일이다. 나로 인해 또 한 사람이 소중한 자신을 돌아보고, 자신의 삶을 즐거워할 수만 있다면 나는 더 이상 바랄 게 없겠다. 나는 계속 노력할 것이다. 나로 인해 누군가가 즐거워하고 행복해하도록 말이다. 나는 누군가에게 그런 '존재'이고 싶다. 이것이 바로 계속 글을 쓰고 책을 쓰는 나의 '존재의 이유'이다.

PART4

경영을 경영하는
완벽한
경영전략을
세우다

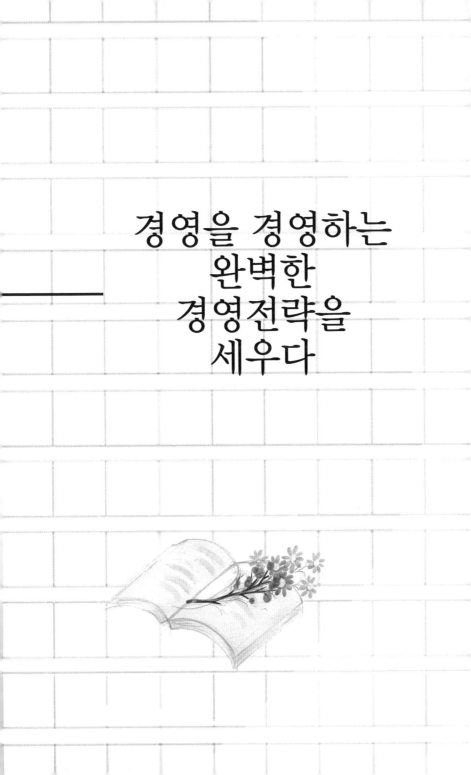

PART 04

작가 김상기

주식회사 디딤돌 대표이사, 작가, 경영전략 코칭 전문가

회계법인 본부장으로 세무회계를 시작으로 기업 경리아웃소싱, 경영관리 전문가로 한길만 걸어왔다. 지난 25년 동안 중소기업(도·소매, 서비스업, 건설업, 제조업, IT업종 등)에서 경리, 자금, 일반사무, 인사총무, 노무, 사회보험, 법무 등 다양한 업무를 담당하였다. 또한 제조 회사의 기업회생실무 경험도 있다. 이후 본격적으로 세무 사무소 및 회계법인에서 전문적인 세무신고, 회계감사 보조, 세무조사대응, 양도·상속·증여, 증권거래세, M&A 등 각종 용역 업무를 수행한 경험이 있다.

오랜 경력을 바탕으로 최근 담당했던 경리아웃소싱 업체 중 한 곳이 경영관리 코칭을 통해 회사 대표님과 임직원이 모두 하나가 되어 충실히 준비한 결과 대기업으로부터 200억 투자유치를 성공한 바 있다. 투자 유치를 통한 미래의 더 큰 성장을 목표로 한 회사 대표의 과감한 결정이었다. 다양한 업종 경험과 풍부한 실무 경력, 회계법인 근무 경력을 통한 전문지식을 바탕으로 영세 자영업자, 소상공인, 중소기업의 평생 동반자로 남고 싶다는 포부를 가지고 있다.

* BLOG : blog.naver.com/kskm1004
* E-MAIL : kskm1004@naver.com

꿈을 계속 간직하고 있으면
반드시 실현할 때가 온다.

_ 괴테

01

평생
일만 하다
가고 싶진 않다

∨

    나는 충남 금산 농촌 마을에서 나고 자랐다. 사면이 산으로 둘러싸인 내 고향, 마을은 음지와 양지로 나뉘고, 그 중앙으로는 비포장도로가 지나갔다. 산골짜기에서 시작된 맑은 시냇물이 유유히 흐르는 멋진 마을이다. 봄이면 지천으로 꽃들이 만발하고, 여름이면 논과 밭에 무성한 농작물들이 무더위를 견디며 방긋 웃는다. 가을이 되면 온 들녘에 곡식이 가득 차고, 하얀 눈이 수북이 쌓이는 겨울이 오면 눈꽃으로 온 동네가 잠긴다.

    시냇물을 따라 마을 어귀를 돌아가면 내가 살던 집이 나온다. 문을 열고 들어가면 오른쪽에 수돗가가 있고, 왼쪽에는 화장실, 그 옆에는 외양간이 있다. 마당으로 들어서 정면을 보면 오른쪽에는 부엌이, 왼쪽에는 큰 방과 작은 방이 있다. 부엌(정지)을 통과하여 나가면 장독대가 있었다. 장독대 위에는 커다란 자두나무와 옻나무, 텃밭이 있었다. 지금도 눈을 감고 생각하면 모든 것이 생생하다. 내 기억 속에 온전히 살아 있는 곳, 그곳은 우리 가족의 따뜻한 보금자리였다.

아버지와 어머니는 중매로 결혼을 하셨다고 한다. 아버지는 그 마을에서 태어나 어린 시절을 보낸 토박이다. 그곳에서 학교를 다니고, 그곳에서 아내를 맞이하고, 그곳에서 자식을 낳고, 그곳에서 농사를 지으셨다. 군 복무를 제외하고는 평생 그 마을을 떠나본 적이 없으시다. 어머니는 면 소재지가 있는 비교적 큰 마을에서 시집오셨는데, 와 보니 넉넉한 살림이 아니라서 시댁에 들어가 살지도 못하셨단다. 같은 동네에 있는 어느 집 방 한 칸을 얻어 한동안 얹혀살다가, 어느 정도 시간이 지나고 나서야 시댁으로 들어가셨다.

작은 동네에는 농사지을 땅도 한정되어 있었다. 아버지는 풀과 나무가 무성한 산 중턱을 밭으로 개간하셨고, 새벽부터 늦은 밤까지 가축까지 기르며 부모님은 힘겹게 농사일을 하셨다. 아버지는 새벽 4시면 잠자리에서 일어나 큰 솥에 불을 지피고 쇠죽을 끓이신다. 그리고는 새벽이슬을 맞으며 논두렁과 들판으로 나가 소가 먹을 꼴을 베어 오신다. 그 사이에 어머니는 가마솥에 아침밥을 짓고, 국을 끓여 온 식구가 먹을 음식을 만드신다. 학교에서 먹을 도시락도 매일같이 만드신다. 김치, 멸치볶음, 계란부침, 구운 김……. 도시락 뚜껑을 열면 피어나는 시큼한 반찬 냄새가 지금도 콧등에 아련히 남아 있다.

어린 시절에는 입을 옷과 신발이 부족해서 낡고 해질 때까지 입고 신었던 기억이 난다. 아마도 초등학교 저학년 때까지는 고무신을 신고 다녔던 것 같다. 그러던 어느 날, 5일장 읍내에 가셨던 아버지가 운동화를 사가지고 오셨다. 운동화를 신고 펄쩍 뛰던 나를 보며 웃으시던 아버지의 모습이 기억난다. 아버지는 그렇게 땀 흘려 지으신 농산물을 정성스레 준비하여 장에 내다 팔고, 집안에 필요한 물건들을 사오셨다. 풍족함을 누리지는 못했지만, 가족들 모두가 서로 사랑하며 일을 도왔고, 더 나은 생활을 하기 위해 노력했다.

나 역시 초등학교 때부터 부모님을 도왔다. 시냇가에서 빨래를 하고, 땡볕의 날씨에도 밭에 나가 김을 매고, 개밥을 주거나 소밥을 주고, 외양간을 치고, 집안 청소를 하고, 겨울에는 앞산으로 뒷산으로 아버지를 따라가서 아궁이에 땔 나무를 함께 했다. 무거운 나뭇짐을 지다가 여러 차례 앞으로 구른 적도 있다. 다른 아이들이 학교를 갔다 와놀 때 나는 부모님을 따라 논으로 밭으로 나가 일을 했다. 놀고 싶은 마음이 굴뚝같았지만, 그럴 형편이 아니라는 것을 어린 마음에도 알았나 보다. 밭에는 도라지, 더덕, 황기, 당귀, 들깨, 참깨, 상추, 옥수수, 고구마, 감자, 배추, 무(무수)를 심었다.

초등학교 때는 이런 일도 있었다. 동네 형들, 누나들과 함께 학교를 마치고 집으로 오다가 배가 고파 길가에 있는 당근과 무를 군데군데 뽑아 먹었는데, 다음날 학교에서 "광대정에 사는 학생들은 모두 교무실로 오라."는 방송이 나온 것이다. 그날 우리 모두는 교무실에 불려가서 선생님들에게 엄청 혼이 났다.

우리 집은 5남매이다. 형편이 좋지 않아 큰형과 큰누나는 초등학교를 졸업한 후 곧바로 사회에 나갔다. 어느 날, 작은누나의 중학교 진학 문제를 놓고 부모님이 이야기하시는 소리를 잠결에 들었다. 아버지는 가정 형편도 좋지 않은데 가시나가 무슨 중학교냐고 하셨고, 어머니는 같은 동네 친구들이 모두 중학교에 가는데 어떻게 혼자만 가지 말라고 할 수 있냐고 하셨다. 결국 작은누나는 중학교에 진학하였지만, 그때는 부모님이 왜 그런 문제로 다투었는지 이해가 되지 않았다. 하지만 지금은 부모님의 마음을 알 것 같다.

부모님은 밤낮으로 열심히 일을 하셨지만, 가정 형편은 나아지지 않았다. 아버지는 술로 외로움을 달래셨고, 어머니는 힘든 삶의 고단함을 견뎌야만 했다. 점점 기울어지는 가사에 두 분은 부부싸움을 심하게 하셨다. 그 싸우는 말 한 마디 한 마디에 서로에 대한 원망이 가득 담겨 있었다.

나는 중학교를 마치고 실업계 고등학교로 진학하였다. 빨리 졸업하여 돈을 벌어야 했기 때문이다. 대전에 있는 상업계 고등학교에 입학하면서 처음으로 집을 떠나 자취 생활을 하게 되었다. 그리고 졸업하기 전, 담임 선생님 추천으로 동아연필에 취직하여 열심히 근무하였다. 아마도 내 진로는 처음부터 인문계가 아니라 실업계로 정해진 것 같았다. 군 복무를 앞두고는 회사를 퇴사하고 새시 제작 및 설치 회사, 제빵회사 등을 다녔다. 주유소 아르바이트도 하였다. 생활비가 좀 더 필요했다.

군 복무를 마친 후, 나는 용기를 내어 무작정 서울 형님이 사는 집으로 올라왔다. 하지만 무엇을 어떻게 해야 할지 막막했다. 신문에 나와 있는 구인 광고를 보면서 몇 날 며칠을 돌아다녔다. 서울에서의 첫 직장은 가가호호 다니며 학생 백과를 파는 방문판매 회사였다. 나는 주택가를 돌아다니면서 일일이 초인종을 눌러야 했다. 문제는 회사가 처음부터 학생 백과를 판매하는 것이라고 알려주지 않았다는 것이다. 한 달 후에야 그 사실을 알게 되었으며, 적성에도 맞지 않아서 결국 그만두게 되었다. 월급은 한 푼도 받지 못했다. 그리고는 가양동에 소재한 휘발유 등 기름을 판매하는 회사에 취직하게 되었는데, 그곳에서 고등학교 때 배웠던 상업부기, 회계, 세금계산서 업무, 매출거래처 원장 기입하기, 일일 현금 일보 작성 등의 업무를 접했다. 드디어 '내가 할 일을 찾았구나!' 하는 강한 느낌이 들었다. 그곳에서 나는 할 수 있는 일이라면 무엇이든 하였다. 주문받기, 목욕탕에 기름을 납품할 때 동행하여 줄잡아주기, 기름 재고량 체크하기, 주유소에 가서 구입한 기름 티켓 받아오기 등등······.

부모님은 어떤 일이든 책임을 다하여 끝까지 해내는 것을 가르쳐 주셨다. 함께 김을 맬 때 햇볕이 뜨거워서 지치려고 할 때면, "조금만 더 해보자!" 하시면서 힘을 불어넣어 주셨다. 덕분에 끝까지 일을 마칠 수 있었던 게 한두 번이 아니다. 예전엔 몰랐는데, 나는 부모님으로부터 그 성실과 인내를 배운 것 같다.

그래서 회사를 이직할 때마다 어떤 일이 주어지든지 열심히 그리고 성실하게 일했다. 그렇게 더 많은 돈을 벌고자 회사를 이직하다가, 세무사 사무실에 들어가게 되었다. 그곳은 모든 면에서 나에게 맞았다. 돈 몇 푼 버는 것보다 '내 평생의 일을 찾았구나!' 하는 생각이 들었다. 그곳에서 나는 다양한 업종을 접하게 되었고, 수많은 사장님들, 수많은 경리 담당자들을 만났다. 업종별로 다른 회계 처리 및 세무신고, 결산, 세무조정 업무도 모두 익힐 수 있었다. 그러다가 세무회계 근무 경력과 경험을 바탕으로 하여 일반회사로 이직하였다. 그곳에서는 배울 게 더 많았다. 건설, 벤처, 제조, IT 업체, 서비스 업종 회사에서 많은 사람들을 만났으며, 그들을 상대하면서 더 많은 것들을 배워 나갔다.

지금까지의 삶을 되돌아보니, 참으로 많은 것들을 배우고 또 배웠다. 경험을 바탕으로 일에 최선을 다했다. 세무회계 업무를 기본으로 하여, 서류 정리 및 분류 후 정돈, 문서작성 및 문서 발송, 일반 사무행정, 인사총무, 노무, 사회보험(국민, 건강, 고용, 산재보험) 업무, 법무, 소송 업무 등 다양한 업무를 스스로 배우면서 살아온 것이다.

그렇게 살다가 3년 전, 나는 다니던 회계 법인을 과감히 그만두었다. 내가 배우고 익힌 것들을 좀 더 전문적으로 활용하기 위해서다. 주변을 돌아보니, 열심히 일은 하는데 뭔가 부족하고 성과도 잘 나지 않는 회사들이 많았다. 그들에게 내가 그동안 경험했던 노하우를 전해주면 좋겠다는 생각이 들었다. 무엇보다 현장을 직접 방문하여 소통하면서 지도해야 한다는 확신이 강하게 들었다. 그래서 나는 지금까지 3년째 여러 회사들을 돌아다닌다. 현장을 직접 방문하여 월 1회 회계 결산보고를 하고, 재무적인(현금흐름) 리스크를 체크해준다. 회사들의 전반적인 사항에 대하여 수시로 자문하고 토론을 하며, 그들의 문제점을 함께 해결해 나가고 있다.

나는 고객사를 방문하여 사람들을 만나서 함께 일할 때 보람을 느낀다. 또한 고객사의 어려운 문제점을 함께 고민하고 해결하면 그 어떤 것보다 기쁘다. 내가 현장에서 경험한 모든 것들을 동원하여 열정을 다해 그들을 돕고 싶다. 안정적이고 지속적인 성장을 필요로 하는 이들과 나누고 싶고, 또 전하고 싶다.

그래서 난 책을 쓰기로 결심했다.

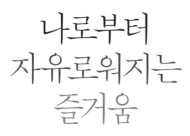

02

나로부터
자유로워지는
즐거움

"훌쩍 여행을 떠나볼까?"

"지금 하는 일을 그만둘까?"

물론 가당치도 않은 이야기다.

나는 평소 완벽함을 추구하며 강한 책임감으로 일을 한다. 업무에도 많은 시간을 소비하는 편이다. 하지만 업무 특성상 고객사에서 자료를 받지 못하면 일을 하고 싶어도 할 수가 없다. 그럴 때면 재촉하거나 그저 기다릴 뿐이다. 반대로, 세무 신고기간에 업무가 집중되고 많은 양의 자료를 한꺼번에 처리해야 하기 때문에, 일이 많을 때는 야근이 일상이 된다.

신고 마감일이 하루 이틀 다가오면 한꺼번에 많은 업무를 처리해야 하니 업무의 효율성은 떨어지고 검토할 시간도 턱없이 부족해진다. 추후 발견되는 신고 상의 실수로 인하여 관련 기관으로부터 소명 요청을 받는 일도 잦아진다.

그래서 몇 년 전부터 이 문제를 어떻게 해결해야 할지 많은 고민을 하고 있다. 결국 문제점을 정확히 파악하여 해결하는 수밖에 없다.

발생하는 문제점은 이렇다.

첫째, 요청 자료가 늦게 온다.

둘째, 고객사에서 보내온 자료가 모르는 자료이거나 정확하지 않다.

셋째, 받은 자료의 정리정돈, 검토, 분류 작업 시간이 오래 걸린다.

넷째, 수동(수기) 자료의 입력 시간이 많이 소비된다.

다섯째, 고객사에 신고하기 전 세무 신고서를 검토할 시간이 긴박하거나 전혀 없다.

여섯째, 정상 근무시간 동안 전화 유선 상담 및 각종 증명서 발급 요청으로 업무의 흐름이 끊긴다.

결국에는 신고 당일 12시가 되어서야 끝이 난다. 많은 시간을 소비했지만, 업무의 효율성은 엄청나게 떨어졌다. 때문에 일에 대한 기쁨과 보람, 성취감, 고객사와의 상호 소통 등은 전혀 기대할 수가 없다.

이러한 문제는 신고기간에만 발생하는 것이 아니다. 사실은 똑같은 일이 계속 반복된다.

아무래도 내부적인 요인보다는 외부적인 요인이 큰 것 같다. 그래서 나는 해결방안을 모색하고자 직접 회사를 방문하기로 결심했다. 기쁜 마음으로 고객사와 소통하고, 여러 가지 문제점에 대해 정확한 의사결정을 하기 위한 시간을 꼭 찾아야만 했다. 마치 의사가 거동하지 못하는 환자를 직접 방문하여 진료하는 것처럼.

고객사와는 서로 다른 장소에서 일을 하고 있기 때문에 전화나 팩스, 이메일 등으로 업무를 수행하게 되는데, 그런 것으로는 문제가 발생할 때 잘 해결되지 않는다. 그럴 때 회사를 방문하여 서로 이야기를 주고받다보면, 금방 해결되는 경우가 종종 있다. 하지만 서로 이야기하는 관점과 방향이 다르거나, 업무처리 순서 및 방법이 상반되거나, 고객사가 원하는 의도나 결과를 정확히 파악하지 못해 또 다른 문제가 야기되기도 한다. 결과가 없는 작은 부분들에 대해 서로 다른 이야기를 길게 하다 보면, 가끔은 좋지 않은 감정이 발생할 때도 있다. 하지만 여러모로 보아, 직접 방문하는 것은 유익하다. 방문을 통해 객관적이고 중요한 자료를 수집한다든지, 여러 가지 정확한 정보를 얻을 수 있게 되는 것도 좋은 일이다. 업무 외적인 내용도 주고받을 수 있어, 인간적인 관계 형성에도 상당한 도움이 된다.

사실 나는 사람들과의 만남 자체가 설레고 즐겁다. 만남을 통해 나와 다른 공간에서 다른 직업을 가지고 사는 사람들을 느낄 수 있어서 좋다. 다양한 생각과 더 다양한 색깔을 가지고 저마다 열심히 살아가고 있는 사람들을 느낄 수 있어서 좋다. 최근에 읽은 『초등학생을 위한 큰 인물 44인(박혜원)』이라는 책에서, "사람과의 만남을 소중히 여기는 마음은 살아가는 데 아주 큰 힘이 될 것이다."라는 작가의 말이 내게는 큰 위안이 되었다.

내가 역삼동 소재 회계 법인에 합류하여 경리 아웃소싱을 시작할 즈음 정OO 이사님으로부터 『카네기 인간관계론』이란 책을 선물로 받았었다. 어느 화창한 휴일, 책장을 정리하다가 부록으로 나온 『골든북』(The Golden Book)이라는 작은 책자에서 내 마음을 사로잡는 문장을 읽게 되었다.

다음 질문에 대한 대답을 써보라.

a. 문제가 어떤 것인가?

b. 문제를 야기한 원인은 무엇인가?

c. 가능한 해결책은 무엇인가?

d. 최선의 해결책은 무엇인가?

이것을 읽는 순간 나는 뒤통수를 얻어맞은 것처럼 정신을 잃고 말았다.

이 질문들이야 말로 문제에 더욱 집중해서 해결할 수 있도록 도와주고 있지 않은가!

"가능한 해결책은 무엇인가?"

"최선의 해결책은 무엇인가?"

이 질문들은 나에게 또 다른 과제를 던져주었다.

'진정 자유로워지는 즐거움'을 얻기 위해서는 과거부터 현재까지 존재하는 이 문제점들을 반드시 해결해야 한다. 지금 당장 해결하지는 못한다 해도 점점 줄이는 노력을 해야만 한다. 그렇게 해서 나는 꼭 자유로운 시간을 찾고 싶다. 하지만 그 자유를 어떻게 찾을 것인가? 고객사를 도우며 문제를 해결해줌과 동시에 자유로운 시간을 얻는다 니…….

그러던 중 2017년 12월, 미팅 약속으로 방문한 한 업체(서재 같은 느낌!)에서 내 마음의 새로운 변화를 감지하였다. 그곳에서 '책 쓰기'에 대한 내용을 듣게 된 것이다. 오래전부터 책을 써보고 싶은 마음을 간직하고 있었다. 죽기 전에 한 번쯤은 내 이름으로 된 책을 내보고 싶은 막연한 생각이 있었다. 그런데 바로 여기에서 마음속 깊숙이 잠들어 있던 생각이 되살아난 것이다.

나는 초등학교 5학년 때 담임선생님이 내주신 숙제로 일기 쓰기를 시작하였다. 그때 쓰기 시작한 일기 덕분에 학교 다닐 때 교내 글짓기 대회에도 참가하였으며, 반공 웅변 원고도 써보았다. 고등학교 1학년 때는 글쓰기를 못한다는 선배의 요청으로 대신 써준 글이 교내 글짓기 대회에 선정되어 상을 받은 적도 있다. 이후 직장생활에서의 각종 계약서, 문서, 대외 공문서 작성에도 그때의 경험은 큰 도움이 되고 있다. 바쁜 일상이지만 지금도 가끔 일기장을 펼치고 하루의 마음을 정리하고 있다.

2018년 1월 중순쯤, 책을 쓰기로 결심한 나는 곧바로 이혁백 작가가 진행하는 〈책 쓰기 4시간 핵심 특강〉 교육을 신청했다. 교육을 받는 내내 설레고 기뻤다. 가족들과의 약속으로 끝까지 함께하지는 못했지만, 이 특강은 내게 꿈을 갖게 해 주었다.

물론 결심이 쉽지는 않았다. 1월부터는 정말로 바빠지는 시기였기 때문이다. 처리해야 할 중요한 업무가 많았으며, 적지 않은 돈도 지불되어야 했다. 하지만 "일단 시작하라!"라는 말을 믿어보기로 했다. 넓은 바다로 항해하려면 일단 배를 타야 하지 않겠는가? 내가 두 아이에게 자주 하는 말이 있다. 비행기를 타기 위해 준비를 마쳤으면 즉시 집에서 나가야 한다! 우물쭈물하다가는 비행기를 타지 못한다!

여러 가지 상황을 고려하여 고심 끝에 '공동 저서 과정'을 신청하였다. 처음에는 아침부터 저녁까지 일상적인 업무가 우선시 되었으며, 책 쓰기는 뒷전으로 밀렸다. 며칠이 지났지만 여전히 "일이 먼저야!" 하는 주문만 외치고 있었다.

주어진 과제는 짧은 글 세 편을 쓰는 것이었다. 처음부터 막막했고, 제출 기간이 다가올수록 마음은 초초해졌다. 선장님을 직접 만나야만 했다. 용기를 내어 나는 무작정 책인사로 발걸음을 옮겼다. '선장님'(책 쓰기 코칭 이혁백 대표를 우리는 '선장님'이라 부른다.)과의 면담을 통해 좋은 조언과 용기를 얻어, 다시 추천도서를 읽고 책 속의 명언 및 서평을 공유하게 되었다. 또한 출퇴근 시간의 습관을 바꾸었다. 전에는 출퇴근 2-3시간 동안 인터넷 검색, 업무 관련 기사 찾아보기, 스포츠 야구 동영상 보기, 게임하기, 음악 듣기 등을 하였는데, 책을 쓰기로 마음먹고부터는 그 시간을 이용해 지하철에서 책을 읽었다. 책 쓰기를 위한 독서 시간을 찾았다는 것만으로도 정말 기뻤다.

나는 올해 20권의 독서 목표를 세웠다. 책 쓰기를 시작하면서 어느새 일곱 권의 책을 읽고 있는 중이다. 이혁백 작가의 『하루 1시간, 책 쓰기의 힘』을 읽는 도중, 일본의 한 노인이 99세에 시집을 내었다는 문장을 읽고 스스로 부끄러움을 감출 수가 없었다. 나는 주저하지 않고 그 노인의 책을 구입하기 위해 늦은 저녁 여러 곳의 서점을 찾아 헤맸다. 그리고 결국 그 책을 찾았다. 시바타 도요의 『약해지지 마』 무슨 엄청난 보물 인양 가슴속에 담아 와서, 『하루 1시간, 책 쓰기의 힘』을 읽기도 전에 먼저 읽어 버렸다. 이 일은 내 삶을 다시 한 번 뒤 돌아보게 하는 계기가 되었다.

요즘 한 가지 습관이 생겼다. 고객사를 방문할 때마다 눈을 크게 뜨고 읽을 만한 책을 찾는다. 전문서적이든 자서전이든 자기계발서든 상관하지 않는다. 읽을 시간이 없으면 사진을 찍거나 메모를 해 둔다. 평소 업무 때문에 두꺼운 세법 서적 및 각종 전문서적을 접하는 것과는 분명 색다른 느낌이다.

나는 확신한다. 책 쓰기를 통해 내가 겪었던 많은 경험과 지식을 진심으로 많은 사람들과 나누고자 한다면 진정 '나로부터 자유로워지는 즐거움'을 얻을 수 있을 것이라고. 책을 쓰기 위해 보다 효율적으로 시간을 분배하여 활용할 것이고, 고객에게는 주어진 시간 안에 양질의 서비스를 제공하기 위해 더욱 노력할 것이다. 또한, 문제점들을 정확히 찾아내어 함께 고치고 다듬어서 개선하는 것을 지속한다면, 엄청난 성

과의 결과로 자유로움이 찾아 올 것이라 믿는다. 혼자서 모든 문제를
해결하려 하기보다는 함께 노력하여 좋은 성과의 기쁨을 누리는 진정
한 자유를 찾기 원한다.

03

경영을 경영하는 코치,
25년 지식과
경험을 나누다

∨

 나는 책을 통해 소통하고 싶다. 또한 이 책을 통해 꼭 이루고 싶은 꿈이 있다.

 나는 세무회계 및 경영관리 분야에서 25년 동안 일을 해왔다. 고등학교를 졸업하기도 전에 사회생활을 시작한 나는 첫 직장에서 무역 실무 업무를 담당하였다. 수입물품을 통관하고, 물품대금을 지급하기 위해 은행을 방문하고, 수입 관련 서류를 제출하는 업무를 담당했다. 한 마디로, 제품을 만들기 위해 필요한 원재료(나무 및 안료 등)를 공장에 조달하는 일이다.

 하지만 본격적인 사회생활은 군 제대 후 서울에 올라와서 시작되었다. 무작정 상경하면서 시작된 서울 생활은 절대 녹록지 않았다. 취업에 대한 준비 하나 없이 시작한 구직활동은 나를 절망으로 내 몰았나. 구인광고 신문 한 장을 들고 알지도 못하는 서울 거리를 사방으로 헤맸다. 그러나, 어느 누구도 내게 나아갈 방향을 가르쳐주지는 않았다. 그렇게 10여 군데 넘는 직장을 이직하면서 홀로 일을 배우고 또 배웠다. 그리고 그 모든 경험과 지식을 바탕으로 지금의 일을 하고 있다.

여러 회사의 일을 하면서 나는 그 회사들의 재무상태 및 경영 성과, 영업의 특성 등을 알게 되었다. 그렇게 많은 회사들을 경험하고 또 사람들을 만나면서 느낀 점이 있다. 우선, 그들에게 닥칠 수 있는 경영 리스크에 대하여 임직원들의 인식이 부족하다. 그들은 심각하게 받아들이지 않는다. 또한 경영 효율성이 떨어지는 업무들에 대해 적극적으로 개선하고자 하는 의지도 적었다. 그저 출퇴근하며 일상적인 일만 반복하는 것처럼 보였다. 그렇다고 반복되는 하루하루의 일과가 중요하지 않다는 말은 아니다. 회사(개인 및 법인 기업)는 개업을 시작으로 폐업, 청산하는 순간까지 살아 숨 쉬는 생명체와 같다. 이는 사람의 생애와 똑같다. 이 순간에도 사회의 어딘가에선 사업의 시작과 정리가 반복되고 또 지속되고 있을 것이다.

대다수의 사람들은 회사가 잘못되면 다른 회사로 다시 시작하면 된다고 생각한다. 하지만 이것은 한 생명의 생이 다하기도 전에 죽이는 것과 같다. 어떤 회사는 설립한 지 꽤 오래되었음에도 오늘날까지 장수를 누리는가 하면, 설립한 지 몇 개월 또는 몇 년을 넘기지 못하는 회사도 많다. 이는 회사를 대표하는 경영진의 의식에서 비롯된 결과라고 단언한다.

모든 기업이 설립 초기부터 대규모의 형태로 운영되지는 않을 것이다. 기업도 사람처럼 영유아기, 유년기, 청소년기, 청년기, 장년기, 노년기를 거쳐 생을 마감할 때까지 지속적으로 성장·발전을 한다. 우리나라를 대표하는 초일류 기업인 삼성, 현대, LG 등도 단계적으로 성장해 왔다. 그렇다고 성장과 발전만을 거듭한 것은 아니다. 그들도 세계시장 속에서 외면받고 있는 제품을 브랜드화하기 위하여 절치부심했으며, 전반적인 체질 개선을 통해 어려움들을 극복하였다.

대표적인 예가 삼성이다. 삼성은 1938년 故 이병철 회장이 설립한 '주식 회사 삼성상회'를 시작으로 해서 삼성물산, 제일제당, 제일모직, 삼성전자, 삼성중공업, 삼성생명 등의 그룹사로 성장하였다. 그 과정에서 여러 가지 위기가 있었지만, 경영진들은 지혜를 짜내어 위기를 극복하였다. 그중 하나가 바로 '신경영' 이념이다. 그들은 이 이념을 도입함으로 장기적인 비전을 만들어내었다. 1993년 6월 7일, 이건희 회장이 독일 프랑크푸르트에서 '신경영 선언'을 함으로써, 삼성은 국내 기업에서 글로벌 기업으로 발돋움하는 계기를 마련하였다. 신경영 선언 당시에도 삼성은 이미 국내에서 1등 기업의 위치에 있었지만, 그들은 결코 안주하려 하지 않았다.

여기에 신경영의 주요 핵심내용을 소개해 보겠다.

한 마디로 말하면, "현실에 대한 명확한 인식과 자기반성을 통해 변화의 의지를 갖자!"라는 것이다. 필자는 이것을 독자들의 회사에도 꼭 한 번 적용해 볼 것을 권유한다.

다른 기업들도 마찬가지다. 일류로 성장한 기업치고 위기를 겪지 않은 기업은 없다. 하지만 그들은 모두 자기반성을 통한 변화의 의지를 가졌다. 그것이 없었다면 결코 성장하지 못했을 것이다. 그들의 시작은 모두 미약하였다. 그러나 "목표한 바를 꼭 이루고야 말겠다."라는 굳건한 신념을 가지고 지속적인 성장의 발판을 만들었다. 그것이 '신경영 이념'이라 불리든 무엇이라 불리든 상관없다. 중요한 것은 자기반성을 통한 체질 개선과 변화의 의지이다. 오늘날 존재하는 소위 장수기업들은 모두 이것을 통해 살아남았고, 또 지금도 발전하고 있다. 그러한 기업들은 나라의 경제발전과 사회 공헌에도 앞장서고 있으며, 그 대표들은 존경을 받고 있다. 반면 경영 위기와 경영진 및 임직원들의 부조리로 중도에 도산하거나 파산하여, 역사 속으로 사라진 기업들도 많다. 그들의 문제는 변화하지 못했다는 것이다.

나는 여러 회사에 근무하면서 평사원에서 부서장으로 승진을 거듭하였다. 옛말에 "자리가 사람을 만든다."라고 하였던가? 그 자리에 대한 책임을 모두 감당해야만 했다. 직위가 올라가면 올라갈수록 늘어나는 업무량을 감내해야 했고, 그에 따라 정신적 스트레스도 늘어만 갔다. 하지만 밤을 새워서라도 주어진 업무를 포기하지 않고 끝까지 해냈다. 그렇게 25년이란 세월을 한 길만 보고 걸어왔다. 지금도 세무회계 및 경영관리 업무를 하면서 항상 고객사의 입장에서 일하려고 노력한다.

마지막으로, 데일 카네기의 『카네기 인간관계론』에 나오는 "상대방의 입장에서 사물을 보라!"라는 내용을 인용하여 영세 자영업자, 소상공인 및 중소기업 사장님께 편지 한 통을 써 드리고자 한다.

존경하는 대표님께, ♥

안녕하십니까? 25년 동안 세무회계 및 경영관리 실무를 쌓은 저의 경력이 급속도로 변화하고 발전하는 귀사의 경영에 도움이 되기를 진심으로 희망합니다.

저는 오랜 기간 슈퍼, 편의점, 도소매, 건설업, 제조업, 병의원, IT업, 서비스업 등 다양한 업종의 일을 접하면서 많은 사람들과 함께 일해 왔습니다. 또한, 전통시장 상인, 영세업자, 소상공인, 중소기업, 전문 직종에 근무하는 수많은 대표님들을 만나 서로 소통하면서 경영관리 경험도 쌓았습니다. 함께 하는 시간 속에서 여러 대표님들의 성공과 실패도 보았습니다. 덕분에 오랜 경험과 실무지식으로 경영관리에 필요한 노하우를 쌓게 되었습니다.

이제는 그러한 노하우를 바탕으로 여러 회사의 대표님들을 도와드리고 있습니다. 경리 아웃소싱을 통한 경영성과 및 재무(자금)보고, 세무회계, 사회보험(국민, 건강, 고용, 산재보험), 노무, 인사총무, 법무, 소송, 금융, 정부 지원금 신청 등 다양한 업무를 실행해 드렸습니다. 무엇보다 수많은 문제들을 회사의 대표님 및 임직원들과 함께 고민하면서 해결하였습니다.

성공의 시작은 소통과 나눔에서 시작됩니다. 25년 동안 축적되어 온 실무지식과 경험을 바탕으로 대표님 회사의 지속적인 성장과 발전에 이바지하고 싶습니다. 저와 함께하신다면 분명 귀사의 지속적인 성장과 발전, 수익에 큰 도움이 될 것입니다. 저의 경영 코칭으로 귀사와 소통하기를 진심으로 원합니다.

감사합니다.

경영 코칭 전문가 김상기 올림

PART5

_____ I make
my own way

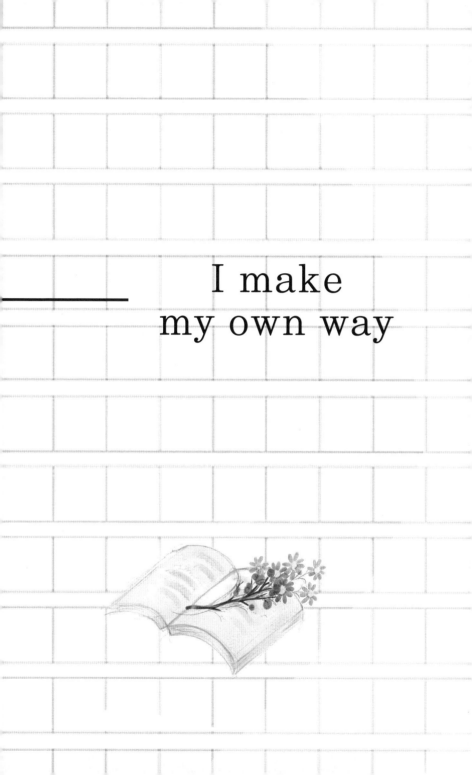

PART 05

작가 김 용

사장을 만드는 사장, 작가, 기업가

저자는 충남 논산시 성동면 시골 촌에서 성장하여 21살 무렵 군 전역 이후 더 넓은 세상을 보고 싶은 욕심으로 단돈 110만 원으로 호주를 시작으로 세계 30여 개국을 돌며 여행과 사업을 시작했다. 2017년까지 글로벌 세일즈·마케팅 그룹의 호주-시드니, 일본 동경 한국 지사장으로 경영활동에 매진하고, 이를 기반으로 미국 시장 진출을 앞두고 있는 젊은 경영인이다.

경쟁보다는 협동으로 함께 공생하며 인본주의적 자본주의를 꿈꾸며 유의미한 기업 활동이란 무엇인가에 대한 고민과 함께 자신의 성공을 넘어 더 많은 사람들의 성공을 위해 뛰고 있는 저자는, 글로벌 기본소득과 협력적 공유 사회를 지지하며 행복을 꿈꾸는 진정한 '소시민'이다.

* HOME PAGE : http://yongkim.co
* E-MAIL : kdragon001@gmail.com

꿈을 끝까지 포기하지 않을 용기가 있다면
우리의 꿈들은 모두 이룰 수 있다.

_ 월트 디즈니

01

어떻게 하면
나도
너처럼 살 수 있을까

∨

나는 색깔이 있는 사람이 좋다. 내가 개성이 강하다는 소리를 자주 들어서 그런 사람을 보면 동질감을 느끼는 것일지도 모르겠는데, 어쨌든 나는 나랑 가치관이나 성향, 취향 등이 같은 사람보다는 자기의 주관이나 삶의 방향이 뚜렷한 사람이 좋다. 그런 사람과 같이 있으면 뭔가 깊이가 있게 느껴져서, 대화할 소재도 풍부해지고 배울 점도 많아진다.

살다 보면 "어떻게 하면 나도 너처럼 살 수 있을까?"라는 이야기를 듣게 된다. 그 말에 선뜻 대답할 수 없는 것은, 그 사람이 정말 원하는 것이 무엇인지 알지 못하기 때문이다. 나의 어떤 모습처럼 살고 싶다는 말일까? 그 사람이 말하는 '너처럼'은 도대체 무엇일까? 아마도 경제적 여력이나 시간적 여유일 수도 있겠고, 감정 표현이 적극적이라는 말일 수도 있겠다. 혹은 일에 대해 갖고 있는 열정과 신념일 수도 있고, 아니면 삶의 방향이나 가치관일 수도 있다. 우리는 소위 롤모델이라는 것을 갖고 있는데, 이것은 우리가 이루지 못한 모습에 대한 일종의 동경일 수 있다. 나의 취향을 대변하는 책, 영화, 음악 등도 마찬가지다. 결국은 내가 원하지만 갖고 있지 못한 것들에 대한 동경, 혹은 내가 살아가고자 하는 모습을 소극적이든 적극적이든 표현하는 것이다.

나는 태생적으로 내성적이고 겁이 많으며, 자존심이 자존감보다 높아 감정적 기복이 심한 사람이다. 그래서 그런지 내가 원하는 삶은 무엇이고 어떻게 살아야 하는지, 혹은 어떻게 죽어야 하는지에 대한 고민을 어려서부터 많이 했었다. 한 마디로 말하면 '내가 나로 사는 방법,' 즉 '남'처럼 이 아니라 '나'처럼 사는 방법이다. 이제는 그런 고민들에 대해 나름대로의 길을 찾은 것도 같아, 한번 정리해 보았다.

첫째, 내가 나로 살기 위한 전제조건은 치열하게 때로는 치밀하게 나에 대해 공부하고 느끼고 고민하는 시간을 갖는 것이다. 예를 들면, 나는 주로 어디에다 소비를 하는가, 업무 외적으로는 누구를 만나는가, 나의 SNS에 주로 올라오는 사진들은 어떤 것들인가, 내가 원하는 수준의 경제적·시간적 여유가 주어진다면 처음으로 할 행동은 무엇인가 등에 대해 연구하고 고민하는 것이다. 그냥 생각으로 그칠 것이 아니라 글로 적어보고 목록도 만들고, 그렇게 목록을 만든 이유에 대해서도 솔직하게 적어봐야 한다. 그렇게 하는 것이 '나처럼' 살기 위한 첫걸음이다. 이렇게 조금씩 나만의 공간, 나만의 시간, 나만의 활동 등을 가지고 나 자신에 대해 공부해보자.

나에 대한 목록을 정리했으면, 둘째, 그것 들을 말하고 다니자. 물론 말만 하고 끝나면 소용이 없겠지만, 말한다는 것은 그 자체로 매우 용기가 필요한 행동이다. 무엇보다 긍정적인 효과가 있다. 가장 큰 효과는 주변 지인들에게 나의 목표나 바람을 이야기함으로써 책임감을 가지게 된다는 것이다. 특히 내가 말하는 그 대상이 나에게 의미가 있는 사람이라면, 그 사람에게 말하는 것은 어지간한 용기가 없으면 할 수 없는 일이다.

예를 들어, 담배를 달고 사는 애연가가 금연에 대해 말한다고 하자. 그는 금연에 대한 결심도 많이 해봤을 것이고, 여러 사람에게 금연하겠다는 말도 해봤을 것이다. 하지만 그가 행복한 가정생활을 유지하고 있는 가장이고, 가정의 행복을 삶의 최우선 순위로 놓고 있는 사람이라면 어떨까? 어느 날 베란다에서 담배를 피우고 들어오는데 그가 가장 사랑하는 8살짜리 딸아이가 초롱초롱하고 해맑은 눈동자로 아빠를 쳐다보며 말한다. "아빠는 왜 담배를 피워? 담배 냄새 안 좋아. 선생님이 몸에도 안 좋다고 했어. 아빠가 담배를 안 폈으면 좋겠어." 아이는 그냥 가볍게 말하고 지나갔지만, 아빠는 그 순간 결심을 한다. "그래, 아빠가 우리 사랑하는 딸을 위해서 담배 끊을게." 이 말은 지금까지 그가 했던 어떤 결심보다도 강력하다. 생방송 TV에 출연해서 전 국민에게 금연을 하겠다고 선언하는 것보다 더 큰 행동력을 주게 되는 마법의 말인 것이다.

나는 개인적인 삶과 크고 작은 사업적 영역에서 '말하고 다니기'를 습관적으로 행한다. 그에 대해 효과를 본 경험도 많이 있다. 과거 역삼역 주변 월세 32만 원짜리 조그만 고시원에 살 때가 있었다. 정말 다리를 펴고 누우면 내 한 몸 겨우 들어가는 것이 내 삶의 전부인 곳이었다. 그때 나는 '언젠가는 조금은 더 좋은 집에서 살고 싶다'는 순수한 소망을 품고 강남 일대의 유명하고 비싸다는 아파트들의 내부를 구경 다니며 친구들에게 말했었다. 나 이런 곳에서 살 거라고. 결국 그 말이 내가 살고자 하는 장소에서 살게 만들어주었다. 가난한 집안에 태어났지만 부모님께 집도 지어 드리고 경제적 도움도 드리고 싶다는 강한 열망과 소망을 품었더니, 부모님과 조부모님을 비즈니스클래스로 해외여행도 보내드리게 되었고 노후 생활도 여유롭게 만들어드리게 되었다. 그 외에도 나는 30여 개의 나라들을 둘러보는 기회를 얻게 되었다.

이 모든 경험들이 '말하고 다니는' 행위에서 시작된 것이다. 그러고 보면 "말이 씨가 된다."는 우리 선조들의 말이 얼마나 진실된 것인지, 조상들의 그 지혜의 말에 무릎을 치게 된다.

셋째로는, 지금 당장, 오늘 바로 할 수 있는 조그만 것들부터 행동하는 것이다. 행동은 행동이되, 짧은 행동이 아니라 내가 할 수 있는 한도 내에서 최대한 길게 행동하는 것이다. 우리는 가끔 성공했다고 이야기하는 사람들이 "바로 이때가 내 삶의 터닝 포인트였다."라고 말하는 것을 듣는다. 마치 그 사건이 그의 인생을 송두리째 바꾼 것처럼 보이지만, 사실은 그 사건이 일어날 때까지 그가 가지고 있었던 번민과 고뇌, 또 인내하며 행동했던 많은 일들이 있었을 것이다. 그런 모든 과정을 무시하고 단지 그의 삶이 바뀐 사건 자체에만 집중하여, 마치 나에게도 그러한 계기만 있다면 당장이라도 삶이 바뀔 것이라고 생각하면 곤란하다. 그러한 잘못된 환상이나 기대는 우리를 전혀 변화시키지 못한다. 그보다는 내가 할 수 있는 범위 내에서 시작하는 조그맣지만 지속적인 행동이 중요하다.

4년 전쯤이었던 것 같다. 2달 만에 16kg을 감량하고, 1년간 쌀이나 밀을 먹지 않는 등 탄수화물 섭취를 줄여 삶의 가장 건강했던 시간을 가졌던 놀라운 경험이 있다. 당시 나에게는 일이 모든 것들의 중심이었다. 일어나면서부터 일을 생각하고 잠이 드는 순간까지 일을 생각했다. 일로써 하루를 시작하고 일로써 하루를 마감하던 시기였다. 사업이 급속도로 커지다보니 직접 발로 뛰는 일도 많아지고, 직원들에게 사장의 생각과 방향을 영업해야 하는 회식자리도 늘어났다. 직원들에게는 한 달에 한 번인 자리가 나에게는 일주일에 4~5번이 되다보니 운동량은 줄어들고 섭취량은 늘었으며, 회식 이외의 식사는 편의점 도시락이나 패스트푸드가 거의 전부였다. 먹는 것의 즐거움 같은 건 그냥 사치였다. 그러다보니 원래 68kg이었던 몸무게가 1년 새 86kg까지 늘었고, 집에는 입을 수 있는 바지가 남아 있지 않게 되었다. 잠을 자도 항상 피곤하며 아침에 일어나는 것이 너무 힘들고, 열정으로 버텨내기엔 체력이 받쳐주지 않았다. 그렇게 열정을 쥐어짜며 힘들어하던 어느 날 아침, 그 죽도록 일어나기 힘든 순간 머릿속에 묵직한 질문 하나가 조용하게 찾아왔다. "도대체 이렇게까지 해서 어떤 의미가 있는가? 나의 삶은 과연 행복할 것인가?"

그리고는 누가 알려주지 않았음에도 나만의 건강 프로젝트가 시작되었다. 21일간 매일 아침, 점심, 저녁 먹은 것을 모두 적는 음식일기를 쓰게 되었다. 그 외에도 엘리베이터 타지 않고 계단으로 걸어 올라가기, 주 2~3회 수영이나 러닝하기, 하루 4리터 수분 섭취하기, 식단 조절하기 등의 노력을 하였다. 운동과 배고픔의 고통이 있었지만, 오히려 그것들은 야릇한 쾌감을 불러 일으켰고, 최고의 창의력과 집중력 그리고 최상의 삶의 활력으로 나아가게 도와주었다. 그러한 경험은 자존감 향상과 업무성과 향상뿐 아니라 '나대로' 살아갈 수 있는 힘을 가져다 주었다. 그것은 오늘, 지금, 당장 할 수 있는 작은 행동이 어쩌면 모든 것일 수 있다는 깊은 교훈이기도 했다.

군대에서도 비슷한 경험을 한 적이 있다. 상병으로 진급한 후 약간의 여유가 생겼던 시절, 밤늦게 연등(점호 후 공부할 수 있는 제도)을 신청하고 꾸준히 1시간씩 영어공부를 했는데, 그것이 호주에서 사업을 할 수 있는 최소한의 의사소통 밑천이 된 것이다. 수년간 주 1~2회 꾸준히 해오던 수영과 승마는 뇌에 산소 공급을 해주어, 여러 가지 압박 상황 가운데에서도 뇌를 긴장시키지 않고 올바른 결정을 내릴 수 있게 도와주었다.

이 모든 것들은 비록 작지만 오늘 당장 꾸준히 했던 일들이 가져온 감사한 선물들이다. 비록 겁이 많고 두렵고 실수가 많아 항상 많은 것들을 미루고 살지만 말이다.

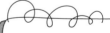

결론

어떻게 하면 '나도 너처럼 살 수 있을까?'를 고민하기보다는 '어떻게 하면 내가 나처럼 살 수 있을까?'에 대해 조그만 행동을 시작하는 하루가 되기를.

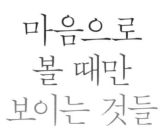

02

마음으로
볼 때만
보이는 것들

∨

대한민국은 근로시간이 세계 제2위라고 한다. 이렇게 열심히들 일하는데 양극화는 OECD 국가 중 미국 다음이고 말이다. 요즘에는 개천에서 '용'이 나오는 게 아니라 '욕'이 나온다고 할 정도다.

청년실업률은 야금야금 높아져만 가고, 서울의 주거환경은 팍팍하기만 하다. 평생 열심히 벌어도 내 집을 갖지 못하고, 경제적인 이유로 '연애와 결혼 출산' 세 가지를 포기한 청년층을 뜻하는 3포 세대가 늘어나고 있다. 얼마 전 만난 지인 부부가 경제적인 이유로 자녀가 아니라 애완견을 기르기로 했다는 이야기를 했는데, 무척이나 마음이 아프고 무거웠다. 청소년 자살률과 노인 자살률이 가파르게 상승하고 있는 사실 또한 우리를 우울하게 한다. 살기는 힘들어지고 외로움은 증가하며 사회적 연대는 줄어드는 것 같아 슬픈 마음이 든다. 하지만 이런 때일수록 나에게 중요한 게 무엇인지 고민하고 행동하며 확인하는 노력이 필요하다 생각된다. 나 또한 처절하게 외로워해 봤고 힘들어하며 고통스러워해 봤기에, 부족하지만 나만의 방법으로 찾은 '마음으로 살아가는 법'에 대해 이야기하고자 한다.

일주일에 100시간씩 일하며 서울, 부산, 광주, 대전 곳곳에 총 5개의 집을 얻어놓고 출장을 밥 먹듯 하며 1년에 20차례씩 해외출장을 다니던 어느 날, 부산 지사에서 오전 미팅을 마치고 약간의 여유가 생겨서 고등학교 동창인 친구A를 만났다. A는 철없던 고등학교 시절 아주 친하게 지내던 친구였다. 가톨릭계 미션스쿨이자 보딩스쿨(기숙사학교)에서 함께 지냈기에 서로에 대해 생생하게 기억한다. 수년 만에 만난 친구는 하얀 치아를 드러내며 너무 행복하게 환하게 웃었다. 우리는 이스라엘과 유럽 등지를 여행했던 이야기부터 친구들의 근황까지 즐겁게 이야기하다, 다음번에는 식사라도 같이 하자고 말하며 헤어졌다. 지하철역 입구까지 내려가 배웅을 하던 찰나, A는 작년까지 건강하시던 아버지가 갑작스레 돌아가셨다는 말을 했다. 그러면서 자신의 삶에도 큰 변화가 있었다며, 하루하루 오늘을 즐겁게 살면서 하고 싶은 것들을 하는 게 꿈이라고 말했다. 그러니 살아가다가 힘이 들거나 혹 아무 일이 없어도 그냥 부담 없이 언제라도 연락하라면서 나를 꼭 안아주고 역으로 내려갔다. 그때 친구의 뒷모습은 당시뿐 아니라 시간이 지나서도 두고두고 남는 감사한 기억이 되었다. 옛 친구라는 관계의 중요성을 새삼 느끼게 해 주었을 뿐 아니라, 삶의 바쁜 순간에도 '내게 정말 행복하고 의미 있는 것들은 무엇인가?'라는 당연한 질문을 다시금 떠오르게 해 주었던 것이다.

호주의 브로니웨어라는 호스피스는 『죽을 때 후회하는 5가지』라는 책을 썼다. 저자는 임종을 맞이하는 말기 환자들을 도우면서 느낀 바, 인생에서 후회할만한 5가지 내용들을 정리하였다. 바쁘게 사는 우리 인생에 이보다 중요한 것이 없다고 생각되어 그 내용을 공유해본다.

1. 남의 기대대로만 살고 내가 원하는 삶을 살지 않은 것

2. 일을 너무 열심히 한 것

3. 내 감정을 솔직히 표현하지 않은 것

4. 옛 친구들과 연락이 끊긴 것

5. 변화를 두려워해 즐겁게 살지 못한 것

하루하루 열심히 살아가고 있는 것 같지만, 사실 우리는 하루하

루 죽어가고 있다. 열심히 일만 하면 행복해질 것이라는 '행복의 덫'에 빠져 현재를 희생만 하는 후회를 하지 말자. 사람은 하지 않은 행동에 대한 후회가 한 행동에 대한 후회보다 크다 하니, 조금씩은 용기를 내어 하는 것도 괜찮을 것 같다. 하지만 굳이 나를 너무 힘들게 하지 않고 있는 그대로 놔두어도 괜찮다. 그냥 오늘의 하루를 열심히 살아간 나를 칭찬해주는 것도 좋다.

사실 마음으로 보는 방법은 특별한 게 아니다. 좋은 습관이나 일하는 방법은 사람마다 처한 상황이나 개인의 기호에 따라 다를 수 있기 때문이다. 거창하게 큰마음을 먹고 해외여행을 가는 것이나 갖고 싶었던 물건을 사는 것도 좋지만, 오늘 당장 시작할 수 있는 소소한 것들을 실행하는 것이 조금은 더 현실적이고 지속 가능한 일일 것이다. 예를 들어, 누구에게도 말하지 못할 어려움이나 외로움 등을 솔직하게 종이에 적는다든지(너무 솔직해서 민망하다면 적은 후에 찢거나 불로 태워도 좋다.) 출근이나 퇴근을 평소와는 다른 길로 다니면서 스마트폰을 끄고 온전히 주변 것들에 관심을 갖는다든지, 평소의 나라면 전혀 가지 않을 장소들, 예를 들면 내 취향과 다른 음식을 파는 식당이나 내 취향과 다른 사람들이 모인 곳에 가보는 것이다.

특히 바쁜 일상으로 하루하루를 치열하게 살아가고 있는 수험생, 직장인, 창업한 지 얼마 되지 않은 사업가, 그 밖에 여러 가지 상황으로 외로운 모든 이들에게 내가 추천하고 싶은 것은 '나의 감정의 흐름에 집중하라'는 것이다. 마음이 기쁘거나 즐겁다면 그것은 내가 무엇을 좋아하는지 알 수 있는 좋은 기회이다. 오랜만에 친구를 만나는 것이든, 맛있는 식사를 하는 것이든, 좋아하는 영화를 보는 것이든, 온 몸에 땀이 날 정도로 운동을 하는 것이든 무엇이나 상관없다. 중요한 것은 즐거운 행위 자체가 아니라 그 행위의 이유이다.

거꾸로, 직장 생활에서 화가 자주 나거나 짜증나는 일이 잦다면 그것이 타인에 의한 것인지 아니면 내 안에 있는 업무에 대한 불만족이나 사람에 대한 두려움 때문인지 살펴보자. 불만 자체보다 불만의 이유가 중요한 것이다. 마찬가지로, 만약 내가 외롭다면 소통할 사람이 없어서 겪는 객관적인 외로움인지 아니면 모든 종류의 자유에 대한 원초적인 외로움인지 살펴보자. 이렇게 감정의 발현 자체보다는 감정의 원인에 대해 생각하다 보면 내 마음의 상황에 대해 모종의 힌트를 얻게 될 것이다. 그렇게 마음의 status(상황)에 대한 공부가 되고 나면, 이제 이유를 알았으니 자연스럽게 안정감을 찾을 수 있다. 감정을 인정하고 나니 편한 마음이 들기도 할 것이다. 적어도 결핍을 채우기 위한 방법을 찾으려고 노력할 것이다.

나는 어렸을 때부터 내성적이었고, 외모나 학력, 집안의 배경이나 재력 등에서 다른 이들보다 우월하지 않았다. 그럼에도 기대하는 바나 욕심은 또 많았다. 그러다 보니 자존감은 낮으면서도 자존심은 세게 되었고, 그처럼 정신건강의 불균형 상태로 세상을 살다 보니 깊고 폭넓은 관계를 맺는 것이 참으로 어려웠던 것 같다. 아마도 마음으로 보는 법을 몰랐기 때문일 것이다. 이제는 한 걸음 멈춰서 마음으로 보고자 한다.『멈추면, 비로소 보이는 것들』이라는 혜민 스님의 책이 출판시장의 불황 속에서도 누적 300만 부의 판매를 기록했다는 말을 들었다. 우리 모두가 멈춰 서서 똑바로 보고 싶다는 시대상의 방증이 아닐까? 영국에서는 2017년 3월에 아마존 베스트셀러에 올랐다고 하는데, 이는 서구사회의 많은 이들까지도 마음으로 보는 것에 대한 중요성을 알고 또 간절함을 갖고 있다는 말일 것이다.

  나는 경험이 적고 나이가 어릴수록 '지금,' '마지막,' '청춘,' '도전,' '열정,' '성공,' '인내,' '미래' 같은 긍정적이면서도 멋진 단어들에 신중해야 한다고 생각한다. 그 누구도 이러한 단어들이 주는 무서움과 위험에 대해 주의를 주지 않기 때문이다. 성공은 곧 실패가 될 수 있음을, 도전은 다른 무언가를 포기해야 함을, 인내는 고통이라는 말의 다른 표현임을, 마지막은 정말 마지막이 아닐 수도 있고, 지금은 지금이 아닐 수 있다는 진짜 사실을 아무도 말해주지 않는다. 그래서 이런 단어들은 무척이나 매력적인 만큼 역설적으로 더욱 끊임없이 우리를 불안

하고 초조하게 만든다. 그런 마음의 상황에서라면 정말 중요한 것들을 놓쳐버리기 쉽다. 그러므로, 힘들면 힘들수록 바쁘면 바쁠수록 마음으로 보는 노력이 필요하다는 것을 잊지 말자.

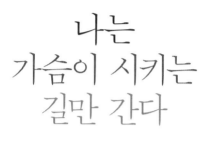

03

나는
가슴이 시키는
길만 간다

나는 지인들에게 종종 이런 이야기를 했었다.

"나는 수채화처럼 살고 싶어. 힘 있는 굵은 획과 단조로움 속에서도 깊이가 있는 수묵화 같은 삶도 있지만, 인생이 도화지라면 다채로운 색깔과 기법으로 그려진 그런 수채화처럼 살고 싶어."

물론 각 사람의 삶의 방식이 다르고, 각자가 지고 있는 짐과 어려움이 서로 다르기에 누구의 삶이 더 멋지다고 말할 수는 없을 것이다. 하지만 누구라도 살아가는 데 있어서 자신의 상황과 가치관을 바탕으로 하는 선택들을 하기 마련이다. 나 같은 경우엔 국문, 영문, 중문 명함에, 또 사무실이나 집의 현관문, 테일러메이드 셔츠의 소매 등 내 삶의 구리선이 지나가는 곳들에는 항상 이 문구를 써넣는다. "시시하게 살기에는 너무도 짧다."

나는 흔히들 세상 사람들이 대단하다 말하는 특출한 외모나 학벌이나 재력은 없지만, 나의 진심과 진정성 있는 삶과 그에 대한 선택들에 대해 지속적으로 자문하며 살아왔다고 생각한다. 이 천성이 바뀌지는 않을 터이니 앞으로도 그렇게 살지 않을까 싶다. 사람마다 경우는 다르겠지만, 누구라도 나처럼 감동의 깊이와 넓이가 풍요로운 삶을 원할 것이다. 그러면 어떻게 해야 감동이 풍요로운 수채화 같은 삶을 살 수 있을까?

감히 이야기하자면, 불필요한 걱정과 걱정을 일으키는 습관을 버리고, 나의 가슴이 원하는 것이 무엇인지에 대해 대화하고 고민하며 용기를 내보는 것이 아닐까? 캐나다의 저명한 심리학자 어니젤린스키는 우리가 하는 고민들을 다음과 같이 정리해 놓았다.

걱정의 40%는 절대 현실로 일어나지 않는다.

걱정의 30%는 이미 일어난 일에 대한 것이다.

걱정의 22%는 사소한 고민이다.

걱정의 4%는 우리 힘으로 어쩔 도리가 없는 일에 대한 것이다.

걱정의 4%만이 우리가 바꿔 놓을 수 있는 일에 대한 것이다.

하루에 주어지는 시간은 누구에게나 24시간이고 인생은 리허설이 없다고 이야기하지만, 사실 그 24시간은 어떤 밀도와 방향으로 쓰느냐에 따라 달라진다. 정말 눈 깜짝하게 지나가는 하루도 있고, '오늘도 이렇게 하루가 갔구나.' 하며 하루하루 버티는 삶이 있다. 그 어느쪽이 일방적으로 옳다고 말할 수 없는 건 우리네 삶에 주어진 각각의 책임과 무게가 서로 다르기 때문일 것이다. 사실은 누군가와 비교하고 걱정할 시간이 별로 없다. 나이가 먹을수록 시간이 빨리 간다는 슬픈 현실이 우리 앞에 있기 때문이다.

미국의 심리학자 피터 맹건 박사는 1995년 매우 흥미로운 실험을 진행하였다. 피실험자들을 청년, 중년, 노년 세 그룹으로 나눈 뒤 3분이 지났다고 생각되면 버튼을 누르라고 지시하였더니, 청년들은 평균적으로 3분 3초에 버튼을 눌렀고, 중년들은 3분 16초에, 노년들은 3분 40초가 되어서야 버튼을 눌렀다.

이 실험이 의미하는 것은 무엇일까? 우리는 보통 시간의 속도에 대해서 30대에는 30km, 40대에는 40km, 50대에는 50km로 간다고 농담조로 말하곤 하는데, 그것이 과학적으로 입증된 것이다. 이에 대해 뇌 과학계에서는 보편타당한 다양한 의견들을 내놓았다. 어떤 이들은 사람의 생체시계에 영향을 주는 호르몬에서 그 이유를 찾는다. 즉, 나이가 들수록 도파민 등의 분비가 줄어들기 때문이라는 것이다. 또 어떤 이들은 나이가 먹을수록 새로운 것들이 줄어들고 대부분은 경험해 본 것들이기 때문에, 놀라움도 줄어들고 집중해야 될 일들도 줄어들기 때문이라고 한다. 그런가 하면 '나이의 총 양 대비 시간'이라는 수학적 계산도 나왔다. 즉, 15살 때는 1년이 1/15살이지만, 60살 때에는 1년이 1/60살이기 때문에 시간이 적게 느껴진다는 것이다. 이유가 무엇이든, 우리의 주관적인 이유이든 과학적인 이유이든 나이가 먹을수록 시간이 빨리 간다는 보편적 사실은 변하지 않는다.

필자 또한 대한민국에서 태어나 교육을 받고, 성인이 된 후 약간의 외국생활을 제외하면 대부분은 한국에서 시간을 보냈기 때문에, 치열한 경쟁사회에서 마냥 내가 좋다고 가슴이 시키는 대로만 살라고 말할 수는 없다. 누군가에게는 큰 사치이며, 누군가에게는 비현실적인 일일 수 있다. 하루하루 살기가 힘든 사람이 이 땅에는 수없이 많다. 나도 그것을 이해하고, 그렇기 때문에 내가 살았던 것처럼 살아가는 많은 이들에게서 슬픔을 느낀다. 10대에는 좋은 대학을 가기 위해 노력하고, 20대에는 좋은 직장에 들어가기 위해서, 30대에는 좋은 배우자를 만나기 위해, 40대에는 자녀교육을 위해, 50대에는 노후생활과 은퇴 후를 위하여 치열하게 경쟁하며 살아가야 하는 우리들의 삶이 결코 쉽다고 이야기하지 않겠다. 하지만 그 모든 것들이 누구를 위한 경쟁일까? 정말 경쟁해야 한다면 어제의 나, 지난주의 나, 지난달, 지난해의 나의 모습과 비교하고 경쟁해야 하는 것이 아닐까? 그보다는 아니, 왜 경쟁하고 비교해야 할까? 그냥 있는 그대로, 쉬어도 불안하지 않는 그런 삶을 추구하면 안 되는 것일까?

짧지도 길지도 않은 30년이란 시간을 살았다. 인격이 형성되고 국민공통교육과정을 배워야 하는 20살까지의 성장기를 제외하면 10년이란 시간이 남는다. 결코 길지 않은 시간이지만, 돌이켜 보면 남들의 눈치를 보지 않고 그냥 있는 그대로의 나를 추구했던 시간, 내가 사랑하는 사람들과 함께했던 시간들보다 의미 있는 시간은 없었던 것 같다. 따라서 앞으로는 행복해지기 위하여 더욱 용기를 내고 노력을 해야겠다는 생각이 든다. '조금 더'라는 행복의 덫에 빠져 조금 더 많은 수입, 조금 더 높은 명성, 조금 더 좋은 차와 집 등 물질적인 것들만 추구하면, 그것이 지나간 후 바람 빠진 풍선처럼 허망하게 된 자신을 보게 될 것이다. 그보다는 조부모님과 부모님을 모시고 미국여행을 하며 가졌던 가족여행의 순간, 사랑하는 사람과 함께했던 소소한 시간들, 철없이 친구들과 웃음 짓던 순간들처럼, 일의 크고 작음을 떠나 누구와 함께 어떻게 하였느냐가 훨씬 중요한 일일 것이다. 그런 것들이 의미의 깊이를 결정지어주는 것이라고 나는 생각한다.

나는 가슴이 시키는 길만 가고 있는가? 마음속에 이러한 질문이 든다면 다른 사람이 나에게 물은 것을 떠올려 보라. 누군가 나에게 "요새 잘 지내? 별일 없지?"라고 물을 때, "어, 난 뭐 그냥 똑같지."라는 대답이 나의 주된 대답이라면, 그것은 개인적 생활이든 일이든 내가 아닌 나로 살아가고 있다고 마음속 깊은 곳에서 외치는 음성이 아닐까? 사람들은 "어떻게 매일이 행복할 수 있냐? 사람이 어떻게 하고 싶은 것만 하고 사냐?"고 말하지만, 사실 그것은 어른들의 이야기다. 생각해보라. 우리는 어릴 때 하고 싶은 것만 하면서 하루하루 순수한 영혼 그 자체로 살지 않았는가? 삶을 현재의 순간에서 뒤돌아본다면, 죽음을 목적으로 길게 내다보고 죽음의 순간에서 생각해본다면 가슴이 시키는 대로 살지 못할 이유가 하나도 없다.

　　나는 나의 삶에서 일어나는 것들은 통제할 수 없는 것들이 대부분이라는 현실을 받아들이고 있다. 하지만 동시에, 나의 상황에 대해 내가 어떤 선택을 하느냐 하는 것은 순수한 나의 자유의지라는 믿음 또한 갖고 있다. 우리 스스로에 대하여 가장 잘 알고 있는 사람은 본인 스스로이다. 외면하고 있는 나의 상처도, 내세우지 않지만 자랑스러워하는 나의 장점도, 부끄럽고 쑥스러워 이야기하지는 못했지만 정말로 하고 싶었던 것도 본인 스스로가 잘 안다. 누구에게나 쉬운 삶은 없다. 남들은 쉽게 사는 것 같아도, 남들은 다 괜찮은 것 같아도 다들 자기의 무게와 고민을 가지고 살아간다. 우리는 태어날 때부터 하루하루 죽어가고 있다. 사실 어떻게 살아갈 것인가는 어떻게 죽어갈 것인가의 문제이기도 하다. 죽음이라는 최종 지점이 정해져 있다면 우리 인생은 그렇게 크게 잃을 것도 없다.

시시하게 살기에는 너무도 짧다.

가슴이 시키는 길만 함께 걸어 보자.

PART6

꿈을 진맥하고,
열정을
처방하다

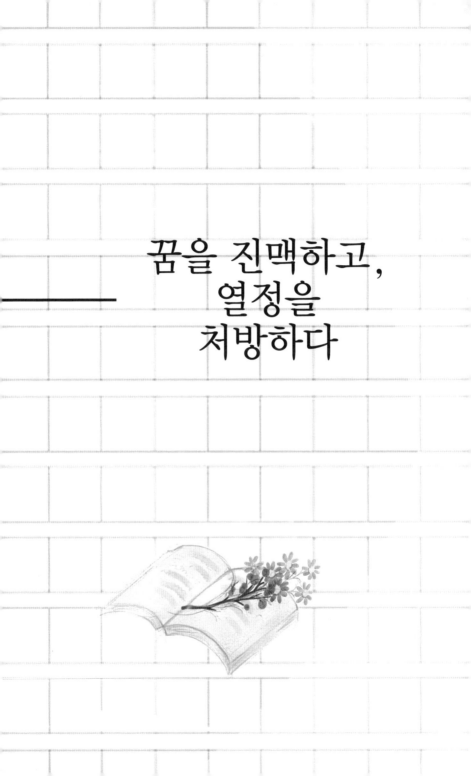

PART 06

작가 박하영

한의사, 꿈 처방 동기부여가, 작가

이 시대의 흙수저로 태어나서 치열하게 노력한 끝에 지금은 당당하고 멋진 전문직 여성으로 살아가고 있는 그녀. 낮에는 한의사로, 밤에는 댄스스포츠 동호인 댄서로 활동하고 있는 그녀는 27세 임상 2년차 한의사다. 고등학교, 대학교 입시를 실패한 경험으로 좌절을 맛보고, 대학교에 진학하여 뮤지컬 배우라는 꿈을 포기하지도 제대로 도전해 보지도 못한 채, 집중할 무언가를 정하지 못했지만 넘치는 호기심과 욕심을 가지고 책 쓰기에 도전하게 된다.
이후, 책을 쓰면서 자신의 삶을 바라보고, 자신이 정말 집중하고 싶은 것을 발견하게 된다. 힘들고 고민이 있을 때 항상 책을 읽고 강의를 들으면서 용기를 얻어 앞으로 나아갔고, 결국 책 쓰기를 통해 선택과 집중을 못하는 본인의 근본적인 문제를 풀어나간 그녀는 이제 책을 통해 그녀와 비슷한 수많은 청춘들에게 용기가 희망을 주려고 한다. 점점 더 꿈을 꾸기 어려운 현실에서 꿈을 현실로 이루어나가는 그녀의 이야기가 이 시대의 고민이 많은 중·고등학생과 청춘들에게 도움이 되기를 바란다.

---

* INSTAGRAM : @brilliant_flower_park
* E-MAIL : bark37@naver.com

만약 당신이 한번도 두렵거나 굴욕적이거나 상처입은 적이 없다면,
그렇다면 당신은 아무런 위험도 감수하지 않은 것이다.

_ 줄리아 소렐

01

그깟 공부?
한번
해보지 뭐

ˇ

"찌이이잉."

새벽 6시 20분, 어김없이 울리는 진동소리에 잠에서 깼다. 알람을 끄고 이불에서 잠시 몸을 비빈 뒤, 피곤한 몸을 끌어올려 잠에서 깨어 난다. 오늘 아침도 시작이다. 후다닥 준비를 하고 6시 55분, 식탁 앞에 앉는다. 버스가 어디쯤 오고 있을까. 어플을 켜고 버스 시간을 보면서 후루룩 밥을 먹는다. 7시 5분, 이제는 나가야 할 시간이다. 지금 나가지 않으면 자면서 갈 수가 없다. 급히 인사를 하고 집을 나선다. 어두운 새 벽, 차가운 새벽 공기를 채 느낄 새도 없이 후다닥 버스정류장으로 뛰 어간다. 하아, 다행히 안 놓쳤다. 저 멀리서 오는 버스를 보며 안도의 한숨을 내쉰다. 인천에서 합정으로 향하는 버스에 몸을 싣고, 노곤한 버스 안에서 잠을 청해본다. 8시 40분, 하아, 오늘은 월요일이라 그런지 차가 막힌다. 늦지 않을까 걱정하며 버스에서 후다닥 내려 한의원으로 뛰어간다. 차가운 공기에 잠이 스르르 깬다. 8시 57분, 드디어 도착. 짐을 급히 내려놓은 후 진료복으로 갈아입고 옷매무새를 다듬는다. 긴 머리를 질끈 묶고, 책상 앞에 앉는다. 책상에 먼지가 소복이 쌓여 있다. 물티슈로 정갈하게 닦고 차트를 켠다. 9시 5분, 드디어 진료 시작.

그렇다. 나는 27세, 임상 2년 차 한의사다.

"똑똑."

진료가 있다는 간호조무사 선생님의 노크 소리가 들린다. 숨을 한 번 들이 마시고, 전쟁터에 나가는 장군처럼 약간의 긴장감과 무게감을 가지고 치료실로 향한다. 오늘 하루는 어떤 일이 일어날지 긴장 반 걱정 반, 이런저런 생각이 몰려든다. 하지만 길게 생각할 틈 없이 첫 번째 진료를 시작한다.

"안녕하세요~ 좀 어떠셨어요?"

10시 50분, 꼬르륵, 소화가 어찌나 잘 되는지 벌써 허기진다. 원장실 서랍에 있는 초콜릿을 하나 베어 물고 7번 베드로 향한다. 12시, 드디어 점심 시간이다. 한의원에 있는 시간 중 가장 좋아하는 시간이다.

오늘은 월요일이라 그런지 많이 피곤하지는 않다. 병원밥을 먹으면서 창밖을 바라본다. 날씨가 슬슬 풀리는지 거리에 사람들이 많아지기 시작했다.

'오늘은 라떼를 한 잔 마셔볼까?'

점심을 먹고 밖에 나가 라떼를 한 잔 마시며 거리의 기운을 느껴 본다.

1시, 오후 진료 시작. 점심시간을 쪼개서 오는 직장인 환자들을 진료한다. 2시, 입원환자 진료 시작이다. 한숨 들이마시고 쉴 새 없이 진료를 하다보면 어느덧 5시, 잠시 의자에 앉아서 쉰다. 6시, 퇴근하고 오는 직장인들의 진료를 하고 나면 7시, 드디어 퇴근이다.

'아, 오늘도 수고 많았다.'

한의사로서의 나의 하루는 이렇게 끝이 난다.

나에게는 오래된 친구가 있다. 바로 아토피피부염이다. 평생을 함께해 온 이 친구 때문에 나와 우리 가족은 꽤나 많은 고생을 했다. 그리고 이것은 내가 한의사를 꿈꾸게 된 계기가 되어 주었다.

나는 태어난 지 얼마 안 돼서부터 아토피피부염 증상이 있었다 한다. 처음에는 그렇게 심하지 않지만, 자라면서 조금씩 심해졌다. 로션으로는 더 이상 관리가 되지 않자, 초등학교 3학년 때는 처음으로 엄마와 함께 피부과를 찾았다. 의사 선생님은, 아토피피부염은 현대의학으로 해 줄 수 있는 게 많지 않다며 스테로이드 연고와 먹는 약을 처방해 주었고, 몸에는 썩 좋지 않으니 증상이 심할 때만 바르라고 안내해 주었다. 진료는 1~2분 만에 끝났다. 당시 9살이었던 나는 굉장한 충격을 받았다. 첫 번째는 내가 이렇게 아픈데 나를 제대로 쳐다보지도 않고 순식간에 진료를 끝내버리는 의사 선생님의 태도에 화가 났고, 두 번째는 피부질환에 대한 현대의학의 한계에 무력감을 느꼈다. 그때 나는 의사는 되지 않겠다고 다짐했다.

이번에는 한의원을 찾아갔다. 그런데 한의원은 조금 달랐다. 그 한의사 선생님은 내 증상을 자세하게 물어보았고, 나를 쳐다보면서 이야기를 들어주었다. 나는 그분의 진료에서 따뜻함을 느꼈고, 그때부터 한의원에서 치료를 받았다. 초등학교 5~6학년 때부터 집중적으로 치료를 받았는데, 매번 갈 때마다 일주일 분의 한약을 받아왔던 것으로 기억한다. 아마 당시 가격으로 10만원은 훌쩍 넘었던 것 같다. 병은 쉽게 낫지 않았고, 매주 받아오는 약값은 넉넉하지 않은 집안 형편에 큰 부담이 되었다. 나는 엄마한테 미안했다. 하지만 당시 나에게 한의사라는 직업은 굉장히 매력적으로 보였다. 돈도 많이 벌고, 퇴근시간도 빠르고, 끝나면 여가생활도 즐길 수 있을 것 같고, 환자들을 진료하면서 보람도 느낄 것 같았다. 나는 성공해서 잘 살고 싶었고, 내 질환도 치료하고 싶었다. 결국 나는 한의사가 되기로 결심했다.

　그렇게 결심한 초등학교 6학년 여름, 나는 처음으로 공부를 시작했다. 학원 선생님이었던 아버지는 그 당시 특목고 입시학원 부원장으로 자리를 옮기셨고, 처음으로 나에게 공부를 해보지 않겠냐고 제안을 하셨다. 강요가 아니라 제안이었고, 나는 지금의 현 상황을 벗어나려면 공부밖에 답이 없다고 생각했기 때문에 그 제안을 받아들였다. 그때부터 지옥의 레이스가 시작되었다.

　당시 난 학원을 한 번도 다녀본 적이 없었고, 수학은 어느 정도 했지만 영어는 아무것도 모르는 상황이었다. 그런 내가 아버지의 '백'으로 영어 수학 경시반에 들어갔다. 수학은 재밌게 공부했지만, 영어 공부는 그야말로 험난한 길이었다. 당시 영어수업을 같이 들었던 친구들은 대부분 선행학습을 했고, 개중에는 외국에서 살다온 친구도 있어 다들 영어를 잘했다. 나는 수준 차이가 너무 나서 견디기 힘들었다. 급하게 학습지로 파닉스를 배우고 단어를 외워보기도 했지만, 이제 막 영어 단어를 읽기 시작한 나에게 영어 문법책은 정말 꼬부랑 그림책일 뿐이었다. 나는 수업을 전혀 따라가지 못했고, 원래 내성적이던 나는 더 의기소침해졌으며, 친구들도 수준에 맞지 않는 나를 별로 좋아하지 않았다. 그래도 어떻게든 버텼다.

중학교 1학년이 되어서는 특목고 입시반에 들어갔다. 운 좋게도 특목고 입시학원에 근무하시는 아버지를 두어, 우리 집안 형편으로는 감당할 수 없는 엄청난 학원비를 내지 않고 무료로 학원을 다닐 수 있었다. 당시엔 특목고가 뭔지도 몰랐으며, 거기 가면 경희대 한의대에 갈 수 있을 것이라고 막연하게 생각했을 뿐이다. 결국 공부만 열심히 했다.

중학생이 되어서는 예전에는 하지 않았던 내신공부까지 해야 했다. 운 좋게도 중학교 1학년 첫 중간고사에서 반에서 1등, 전교에서는 17등을 하게 되었다. 이건 나에게 굉장히 놀라운 일이었다. 초등학교 때는 반에서 10등 정도를 오르내렸을 뿐, 1등을 한다는 것은 상상도 하지 못했기 때문이다. 그러던 내가 공부를 시작했고, 1등을 했다. 드디어 희망이 생겼다.

'아, 나도 열심히 하면 잘할 수 있구나.'

사실 이때부터가 진짜 공부의 시작이었다. 나는 독기를 품고 미친 듯이 달렸다. 달릴 수밖에 없었다. 하지만 영어는 아직도 걸림돌이었다. 같은 반 친구들과 너무 많은 실력의 차이가 났다. 공부해서 조금 성적이 좋아져도, 아버지의 백으로 높은 반에 들어온 것이라는 사람들의 시선이 사라지지 않았다. 나는 거기에서 어떻게든 벗어나고 싶었다. 여기에 나를 더 힘들게 했던 것이 있었으니, 그것은 경제적 수준의 차이였다. 당시 내가 수강하는 학원비는 한 달에 50~100만원 정도였다. 당연히 우리 집은 그런 돈이 없었다. 하지만 친구들은 모두 그 정도 학원비를 감당할 수 있는 집안의 아이들이었다. 당연히 나는 의기소침해졌으며, 내가 해야 할 것은 오직 공부밖에 없다고 생각했다. 어떻게든 공부해서 꼭 성공하겠다고 다짐하고 또 다짐했다.

영어 단어를 못 외워서 정말 많이도 맞고 오리걸음도 많이 걸었다. 공휴일도 없이 학교-집-학원을 반복하며 아침부터 저녁 12시까지 공부했다. 등하교 길에도 항상 mp3로 영어듣기를 했고, 3학년이 되어서는 학교 쉬는 시간에도 영어 단어를 외우고 또 외웠다. 내 손에서는 영어 단어장이 떨어지지 않았다. 학교 친구들과 놀아본 적도 거의 없었다. 정말 예민하고 힘든 시간이었다. 당연히 피부상태도 최악에 달했다. 하지만 실력은 점점 상승해갔다.

중학교 3학년 여름방학이 지나고 나서는 특목고반에서 상위권까지 올라갔다. 나는 떨리는 맘으로 상산고와 명지외고를 지원했다. 하지만 총 3번을 본 시험에서 결과는 모두 탈락이었다. 마지막 시험이었던 명지외고 입시결과 발표 날을 아직도 기억한다. 그날은 눈이 오고 있었고, 나는 동생이랑 〈악마는 프라다를 입는다〉라는 영화를 보고 나와 횡단보도에서 신호등을 기다리고 있었다. 그때 휴대폰으로 엄마한테 전화가 왔고, 떨어졌다는 소식을 들었다. 하늘이 무너져 내리는 것 같았다. 나는 눈이 오는 거리에 주저앉아 펑펑 울었다. 내 인생에 처음으로 절망을 경험한 순간이었다. 내 자신의 한계에 절망했고, 엄청난 패배감을 느꼈다. 지금 생각해보면 오히려 잘 된 일일수도 있지만, 그때의 나에게 특목고 진학은 내 인생의 전부였다.

결국 나는 일반고에 진학했다. 공부는 계속했지만, 전처럼 열심히 하지는 않았다. 솔직히 말하면, 특목고에 진학한 친구들에 대한 열등감과 패배감에 싸여 2년을 보냈다. 그래도 이과에서 전교 1~3등 정도를 유지했다. 중학교 내내 걸림돌이었던 영어는 나에게 제일 쉬운 과목이 되었다. 다시금 정신을 차리고 경희대학교 한의학과를 목표로 공부했다.

하지만 수능을 보고 시험지를 채점하던 날, 그날이 내 인생에서 두 번째로 절망한 날이었다. 평소에 믿었던 영어가 1점 차이로 2등급이 되었고, 그로 인해 그동안 넣었던 모든 수시 전형이 등급 미달로 떨어지게 되었다. 더 열심히 하지 않은 나 자신에게 실망해서 아무것도 할 수 없었다. 설상가상으로 정시 전형에서는 급한 성격 탓에 '가군 지원을 실수했고, 결국은 '나군에 썼던 우석대학교 한의학과를 제외한 모든 대학에 불합격했다. 겨우 합격한 우석대는 한의학과이긴 했지만 듣지도 보지도 못한 지방대였다. 너무나 굴욕적이었고 부끄러웠다. 무엇보다 서울에서 대학생활을 하지 못한다는 사실이 괴로웠다. 수능이 끝나고 너무 우울해서 2달간은 거의 집 밖으로 나가지 않았고, 마음이 너무 힘들어서 종교를 찾기까지 했다. 처음에는 재수를 하려고 했으나 나는 너무 지쳤고, 결국은 삼례로 향하는 버스를 탔다.

그렇게 한의대에 입학하고, 한의사가 되었다. 한의대에서도 지방대라는 열등감을 극복하기 위해 엄청난 노력을 했고, 한의사가 된 이후에도 취업을 하기 위해 힘겹게 싸웠다. 지금 일하는 직장에서는 6개월간 세 번이나 퇴사의 위기가 있었다. 너무 수치스럽고 힘들었다. 나 자신이 너무 보잘 것 없고 능력 없게 느껴졌다.

그럴 때마다 나를 다시 일어서게 하고, 그래도 앞으로 나아갈 수있게 해주었던 것은 내 주변의 그 누구도 아닌 '자기계발서'와 '강연'이었다. 책을 보고 강연을 들을 때면 나는 희망과 용기를 얻는다. 힘들지만 한 발씩 앞으로 나아갈 수 있다.

직장에서 세 번째 위기 때는 정말 힘들었는데, 그때 읽은 책이 할엘로드의 『미라클모닝』이었다. 그 책을 읽고 실천에 옮기면서 내 인생은 급속도로 변화되기 시작했다. 미라클모닝을 실천한 지 2주 만에, 잘릴 뻔한 직장에서 근무시간이 4시간 줄었고, 월급은 40만 원 인상되었다. 평일에도 동호회 활동을 할 수 있게 되었고, 듣고 싶은 강의도 맘 놓고 들을 수 있게 되었다. 무엇보다 내가 원하는 방식대로 진료할 수 있는 자유가 생겼다. 너무 기쁘고 행복했고 신기했다. 책을 쓴 저자에게 너무

고마웠다. 그리고 내가 이렇게 책을 통해 희망과 용기를 얻은 것처럼 나도 나의 이야기를 통해 누군가에게 힘을 주고 싶어졌다. 힘들 때 앞으로 한 발짝 나아갈 수 있는 따뜻한 손길을 책을 통해 전해주고 싶어졌다.

그래서 나는 작가가 되기로 결심했다.

02

넌
왜 그렇게
하고 싶은 게 많니?

∨

"넌 왜 그렇게 하고 싶은 게 많니?"

대학생활을 하면서 주변 사람들로 가장 많이 들은 말이다. 대학생활은 '나'라는 사람이 누구인지 처음으로 관심을 갖게 된 시간이었다. 사춘기조차 끼어들 수 없을 정도로 치열했던 내 인생에 드디어 여유가 찾아왔다. 수업은 여유로웠고, 수능이라는 거대한 목표가 사라진 대학생활은 시간의 천국이었다.

중·고등학교 6년간 한 가지 목표를 가지고 달려왔던 나에게 대학입시 실패는 너무도 큰 충격이었다. 특목고 입시에 실패했고, 그 열등감에서 벗어난 지 얼마 되지 않아 이름도 들어본 적 없는 지방 대학에 들어갔다. 이름 없는 대학에 다닌다는 사실이 부끄러웠고, 그래서 사람들이 어느 학교에 다니는지 물어보면 대답도 잘 하지 않았다. 조심스럽게 대답했는데 떨떠름하게 반응하는 사람들을 보면 그 사람들의 태도에 또 한 번 상처를 받았다.

지방대에 진학해 보니 또 다른 문제가 생겼다. 고등학교 1학년 때 품은 진짜 '꿈'을 이루지 못하게 된 것이다. 그 꿈은 바로 뮤지컬 배우였다.

중학교 때 음악선생님이 〈캣츠〉, 〈노트르담 드 파리〉 같은 뮤지컬 영상을 보여주곤 하셨는데, 그때 나는 처음으로 뮤지컬이라는 장르를 접하게 되었다. 어릴 때부터 노래하는 것을 좋아했던 나는 영상 속에 나오는 배우들이 너무나 멋지고 아름다워 보였다. 그래도 그때는 앞만 보고 달리던 시절이었기 때문에 뮤지컬 배우가 되고 싶다는 생각은 하지 않았다. 아니 감히 하지 못했다.

그러다가 고등학교 1학년 때 엄마와 동생과 함께 〈캣츠〉 내한공연을 보러갔다. 우리 좌석은 가장 등급이 낮은 3층이었으며, 거기에서 오페라글라스로 배우들을 내려다보았다. 솔직히 잘 보이지 않았고, 이렇게 보느니 차라리 집에서 영상으로 보는 게 낫겠다는 생각마저 들었다. 그런데 이상하게도 그날 이후로 내 마음속에서 무언가가 꿈틀대기 시작했다. 뮤지컬 배우가 되고 싶다는 열망이었다. 배우들이 본인이 아닌 다른 캐릭터가 되어 노래와 춤으로 감정을 표현하고 전달한다. 얼마나 멋지고 매력적인가? 얼마나 낭만적인가?

공연을 보고 와서는 혼자 인터넷을 검색했다.

'뮤지컬 배우가 되는 법'

하지만 그것은 너무 어려웠다. 우선 예고에 진학하거나, 아니면 성악이나 연기 등을 배워서 연극 영화과에 진학해야 했다. 다른 방법도 있었지만, 무엇보다 배우들의 수입이 나를 주춤하게 했다. 인터넷에 널려 있는 정보라 정확하지는 않겠지만, 중요한 사실은 유명 배우가 되기 전까지는 매우 가난하게 살아야 한다는 것이다. 당시 고등학교 1학년이던 나는 현실적인 고민을 하기 시작했다. 뮤지컬 배우가 되려면 성악, 연기, 춤 등을 배워야 하는데, 우리 집안 형편은 그 학원비를 감당할 수준이 되지 못했다. 또 공부만 하던 딸이 갑자기 공부를 그만두고 뮤지컬을 한다고 했을 때, 반대하시는 부모님을 잘 설득할 자신이 없었다.

'내성적이고 부끄러움을 많이 타는 내가 과연 잘할 수 있을까?'

'목소리도 예쁘고 노래 좀 한다는 얘기는 들었지만 그렇게 뛰어나게 잘하는 것도 아닌데, 내가 과연 뮤지컬 배우를 해서 빛나는 배우가 될 수 있을까?'

'유명한 배우가 되기 전에는 고달프게 산다는데, 안정적인 삶을 위

해 공부하던 것을 포기할 수 있을까?'

머릿속에서 이런저런 생각이 맴돌았다. 무엇보다 '내가 과연 뮤지컬 배우로서 성공할 수 있을까?' 하는 생각이 가장 컸다.

나는 잘 살고 싶었고, 성공하고 싶었다. 어렸을 때부터 돈 때문에 싸우고 힘들어하는 부모님을 보면서 생각한 건, 좋은 집에 살고 내가 갖지 못한 브랜드를 걸치고 다니는 친구들을 부러워하며 생각한 건, 내가 공부해서 성공하지 않으면 이 환경을 절대 벗어날 수 없고 이 집안에 희망도 없다는 것이었다. 돈이 중요했다. 엄청난 성공이 아니라, 일정 수준 이상의 생활을 누릴 수 있는, 여유로운 삶을 위해 돈이 중요했다. 이게 초등학교 6학년이었던 내가 공부를 시작한 이유였다. 힘들고 치열해도 버텼던 이유였다. 한의사가 되려 한 이유였다.

하지만 뮤지컬 배우는 달랐다. 안정적인 생활을 영위하기 위한 '직업'이 아니라, 내 가슴을 뛰게 하는 '꿈'이었다. '해야 하는' 직업이 아니라 '정말 하고 싶은' 꿈이었다. 처음으로 무언가를 하고 싶다고 꿈꾼 것이다. 하지만 나는 설레는 꿈이 아니라 안정적이고 편안한 길을 선택했다. 솔직히 말하면 선택할 용기조차 없었다. 부모님의 반대를 이겨낼 자신도 없었다. 그렇게 아무에게도 얘기하지 못하고 나 혼자 생각하고 고민하다가, 어떤 행동도 취하지 않고 시간만 흘려보냈다. 그러다가 차선책으로 선택한 것이 취미생활이었다. 일단 경희대학교 한의학과를 진학한 후, 대학생활을 하면서 연극이나 뮤지컬을 취미로든 뭐든 해보자는 것이다. 그러나 나는 결국 그중 아무것도 하지 못했다. 경희대는 커녕 삼례라는 시골 마을로 내려간 것이다.

물론 우석대에서도 뮤지컬이나 연극 동아리를 할 수는 있다. 하지만 6년 내내 수능과 한의대만 바라보고 달려왔던 나는 막상 한의대에 들어오니 무엇을 어떻게 해야 할지 방향이 잡히지 않았다. 어찌 됐든 교육과정만 따라가면 한의사는 되는 것 아닌가? 대학생활 6년 동안 한의사의 길만 꾸준히 가야 할지, 아니면 아직 해보지 못한 꿈에 대해 도전해야 할지 갈피를 잡지 못했다. 결국 나는 닥치는 대로 많은 활동을 해보기로 했다. 내 능력을 키우기 위해서, 내가 어떤 사람인지 알아보기 위해서, 그리고 내 열등감을 극복하기 위해서 말이다.

나는 관심이 가는 일이라면 최대한 많이 했다.

– 예과 1학년: 풍물동아리에 들어가 신명 나게 놀아봄.

　　　　방학: 필리핀 어학연수.

– 예과 2학년: 문선 부장을 맡아서 리더가 됨.

　　　　방학: 연극체험(배역: 마녀),

　　　　　　KT&G 주최 상상 univ 프로그램 보컬트레이닝.

– 본과 1학년: 동아리 회장단 활동.

　　　　방학: 중국 어학연수.

- 본과 2학년: 학생회 기획부장을 맡아서 학과 행사 기획,

　　　　　　 본초학연구실

　　　　　　 학생연구원으로 실험 및 논문,

　　　　　　 상상univ 프로그램 뮤지컬 클래스 등록.

- 본과 3학년: 실력 좋은 원장님 한의원 1년 참관

　　　　　　 방학: 유럽 배낭여행.

- 본과 4학년: 파리바게트 아르바이트, 여행,

　　　　　　 국시공부 병행하며 상상univ 마케팅 클래스,

　　　　　　 프레젠테이션 수업을 위하여 5주간 서울 나들이.

　그러면서도 한의사를 충실히 준비하고자 방학 때마다 각종 강의를 들었고, 학회 활동도 두 개, 동아리도 두 개씩 했다. 학교 성적도 포기하지 않아서, 본과 3학년부터는 장학금을 받았고, 본과 4학년 1학기에는 처음으로 과수석도 했다. 여기에 성공학 강의까지 듣고 다녔으니, 사람들이 나에게 하는 말을 이해할 만도 하다.

　"너는 왜 그렇게 하고 싶은 게 많니?"

　하지만 동시에 많은 활동을 한다는 게 쉬운 일은 아니다. 사실은 한 가지 일을 100% 못할 때가 많았고, 한 가지에 온전히 빠지지도 못했다. 체력이 부족해서 건강도 많이 안 좋아졌다.

그러다 보니 주변에서는 나를 비난하는 사람들이 생기기 시작했다.

"너는 욕심이 참 많아."

"쟤는 좀 특이한 거니, 어린 거니? 만날 희망이니 꿈이니 하잖아."

어른들은 걱정스럽게 조언해주시기도 했다.

"제대로 성공하고 싶으면 여러 가지 건드리지 말고 한 우물만 파야 해."

하지만 어쩌겠는가? 나는 욕심도 많지만 호기심도 많아서, 해보고 싶은 걸 하지 않으면 후회할 것 같은데 말이다.

나는 내가 어떤 사람인지, 무엇을 할 때 행복한 지, 어떤 가치가 나에게 있어서 소중한지 아직 잘 모르겠는데, 알아야 정말로 원하는 것에 집중할 수 있을 텐데, 많은 것을 경험한 사람들은 마치 내가 큰 잘못이라도 저지르고 있는 것처럼 말했다. 마치 인생에 답이 하나밖에 없는 것처럼 나에게 충고했다.

나도 실은 하나에 집중하고 싶었다. 그런데 집중할 하나를 선택하기엔 하고 싶은 것이, 해야 할 것이 너무도 많았다. 주변 사람들은 그런 나를 걱정해주었지만, 사실 걱정은 나 자신이 더 많이 했다. 내가 정말 이상한 사람은 아닐까? 왜 나는 남들과 다를까? 나는 정말 못난 사람인가? 책임감 없는 사람인가? 그래도 생각해보면 치열했던 대학생활이 행복했고 즐거웠다. 정말 후회 없는 대학생활이었다. 나는 그렇게 점점 성장했다.

대학생 때의 난 고등학생 때 내가 하고 싶은 것을 선택하지 못한 것에 대해서 스스로 비겁하다고 생각했다. 공부를 열심히 하지 않아 원하는 학교에 진학하지 못한 것에 대해서도 굉장히 자책하며 후회했다. 대학생활에서는 그런 후회와 미련을 남기고 싶지 않았다. 그래서 내성적이었던 나 자신을 바꾸려고 정말로 많은 노력을 했다. 기회가 오면 항상 용기를 내어 도전했다. 그때부터 나는 온갖 자기 계발서와 성공강의 동영상 등을 보게 되었다. 나는 두려웠고 용기가 부족했으며 자존감도 낮았다. 나는 정말 도움이 필요했다. 그런 나를 도와주고 용기를 북돋아 준 것이 책과 강의였다. 내가 작가와 강연자가 되고 싶다고 생각했던 것도 그때부터였다. 용기도 없고 미약한 사람이었던 내가 희망과 용기를 얻은 것처럼, 언젠가는 나도 누군가에게 희망과 용기를 주고 싶었다. 너무 힘들 때 작은 손이라도 뻗어주면 큰 도움이 된다는 것을 알았기에, 나도 그런 도움을 책을 통해서 줄 수 있으면 좋겠다고 생각했다.

그러던 어느 날, 지금 있는 직장에서 세 번째로 해고될 위기에 처했다. 내게 닥친 상황과 또 과감히 때려치우지 못하는 나 자신에게 너무 화가 나서 다시 한 번 내 인생을 변화시켜야겠다고 생각했다. 그때

만난 책이 할 엘로드의 『미라클모닝』이었다. 그리고 그 책을 읽고 실천하면서 인생을 변화시키던 도중 만난 것이 책인사 이혁백 선장님의 〈책 쓰기 4시간 핵심 특강〉이었다. 언젠가는 책을 한번 써봐야지 하는 마음으로 수강했는데, 강의가 끝나자 나는 곧바로 결심했다.

"바로 지금이 책을 쓸 때이다."

03

꿈만 먹던 소녀에서
꿈을 주는
한의사가 되다

∨

작가가 된다는 것은, 글을 쓰고 책을 쓴다는 것은 내 인생을 직면하는 과정이었다. 책을 쓰기 위해서는 내 인생을 하나하나 정리해 나가야 했다.

처음 책을 쓰기로 결심했던 2017년 8월, 당시 나는 출퇴근 시간이 왕복 4시간인 직장에서 오전 9시부터 오후 7시까지 주 5회 일하고 있었다. 쉬는 날인 목요일에는 오전에 뮤지컬 보컬 레슨과 오후에 댄스스포츠 소그룹 레슨을 받고 있었다. 거기에다 밤에는 책 쓰기 수업을 들을 예정이었다. 주말은 여행이나 다양한 콘서트와 전시회 혹은 각종 한의학 강의들로 가득 차 있었다. 9월부터는 일주일에 두 번, 퇴근 후에 댄스스포츠 동호회 활동까지 했다. 노래, 춤, 그림이라는 취미활동과 전공인 한의학 강좌, 거기에다 책쓰기까지 더해졌지만, 이 중 아무것도 포기하고 싶지 않았다. 다양한 것들을 경험하려 하고 어느 것 하나 놓치지 않으려 하는 것은 대학 때부터 이어진 내 삶의 방식이었다. 다만 이러한 나의 호기심과 욕심을 충족시키려면 시간과 체력과 돈이 필요했을 뿐이다. 이러한 삶은 하고 싶은 것을 다 해봤다는 점에서 후회가 남지 않는 삶이다. 반면, 그 어떤 것도 완벽히 하지 못했다는 점에서 후회가 남는 삶이기도 하다.

"그래도 책을 쓸 때는 책 쓰기에만 집중하시지요."

책 쓰기를 처음 시작했을 때 책인사 이혁백 선장님이 한 말이다.

'뭐야? 선장님도 지금까지 나에게 이야기했던 수많은 사람들과 똑같네.'

나는 그의 말에 동의하지 않았다. 책 쓰기는 나의 수많은 관심사 중 하나였을 뿐, 이것을 위해 다른 관심사들을 포기할 생각은 없었다. 나는 계획을 다시 세웠다. 오전 5시에 일어나 1시간씩 책을 써야겠다고 마음먹었다. 퇴근하고 오면 9시가 넘어 너무 피곤하기에, 생산적인 활동을 하기에는 차라리 새벽이 낫다고 생각한 것이다. 그리고 지하철로 출퇴근하는 시간에는 꼭 책을 읽어서 길에서 낭비하는 시간을 아끼겠다고 다짐했다.

8월 한 2주 동안은 그럭저럭 계획이 지켜졌다. 하지만 체력의 한계가 오기 시작했고, 9월에 접어들어 댄스스포츠 동호회 활동을 시작하면서 나의 라이프 밸런스는 완전히 무너졌다. 게다가 한의원에도 환자가 많아져, 일이 끝나면 이미 지쳐버렸다. 댄스스포츠 동호회가 있는 날이면 완전히 녹초가 되었다. 오후 11시 반에 집에 들어와 12시를 넘겨 취침을 한 상태에서, 아침 5시에 일어나 글을 쓰고 지하철에서 책을 읽는다는 것은 불가능한 일이었다.

우선 그렇게 한다면 한의사로서 진료를 제대로 할 수가 없다. 또한 글을 쓴다는 것은 고도의 집중력을 요하는 작업인데, 4시간 정도의 수면으로는 도저히 글쓰기를 진행할 수 없었다. 당연히 새벽에 글을 쓰지 못하는 날이 많아졌고, 출근길에도 책을 보기는커녕 졸면서 가기 일쑤였다. 사실 나는 너무 많은 것을 하고 있었다. 어차피 100% 완벽하게 해내지도 못하면서 말이다. 나는 또다시 자책하기 시작했고, 자신감과 자존감이 점점 떨어져갔다. 책 쓰기 과제를 못해갈 때마다, 마치 숙제를 안 해 눈치 보는 학생마냥 선장님과 실장님 앞에서 점점 작아지는 내 자신이 부끄러웠다.

그동안 꼭꼭 눌러두었던 나의 문제들이 수면 위로 드러나기 시작했다. 나의 에너지와 시간이 너무 많은 영역으로 분산되고 있었던 것이다. 나는 생각처럼 그렇게 슈퍼우먼이 아니었다. 나는 그 모든 것들을 다 잘 해낼 수 없었다. 그 사실을 받아들여야 했다. 이렇게는 책을 쓸 수 없었다. 우선순위를 정해야만 한다.

이전까지 나는 피해의식에 사로잡혀 있었다. 나는 실제로 그렇지 않은데 사람들이 나를 욕심이 많다고, 이기적이라고 비난한다고만 생각했다. 남들이 보는 나와 내가 생각하는 나 사이에 커다란 간극이 있었다. 그런데, 실은 남들이 생각하는 나의 모습도 무수한 색깔을 가진 나의 모습 중 하나였다. 내가 받아들이지 않았고 인정하지도 않았지만, 분명 내 모습이었던 것이다.

그때는 나를 향한 사람들의 반응을 이해하지 못했다. 자기들도 100% 완벽하게 하지 못하면서 왜 나에게는 100%를 요구하느냐고 생각했다. 나는 단지 많은 활동들을 할 뿐이고, 각각의 일에 최선을 다하니까 괜찮은 것이라 생각했다. 하지만 이제는 조금씩 느끼고 있다. 그 모든 것들은 나의 욕심이었다는 것을 말이다. 내가 벌여놓은 일들을 완벽히 하지 못했을 때, 그 나머지 부분들을 다른 사람들이 채워야 했다는 사실도 인정하게 되었다. 역시 나의 욕심 때문이었다. 무엇보다 나의 시간과 체력과 돈은 한정되어 있다. 분명 모든 것을 다 잘할 수는 없는 것이다. 결국 우선순위를 정해야 한다. 책을 쓰기 위해서는 우선순위를 정해 내 인생을 하나씩 정리해야 한다. 그렇지 않으면 책을 쓰기는커녕 몸과 마음만 무너질 것이다.

당시 나의 고통 중 하나는 고질적인 아토피피부염이었다. 아토피피부염 때문에 한의사의 길을 걷게 되었지만, 한의사가 된 이후에는 이를 치료하지 못하는 이상 족쇄와 같은 존재가 되어버렸다. 사실 아토피피부염은 중학생 때 최악의 상황을 거친 후 고등학생 때 없어졌었다. 하지만 다 나은 줄 알았던 그 질병이 대학생이 되어서 술을 마시고 몸을 무리하게 쓰는 등 방만한 생활을 하면서 다시 드러나기 시작했다. 그래도 예전만큼 심하지는 않았고 조금 생기다가 사라지는 일이 반복되는 정도였는데, 본과 4학년 때 아르바이트를 하면서 한포진 형태로 둔갑하여 나타난 것이다. 책 쓰기를 시작하려고 마음먹었던 2017년 8~9월, 한포진은 최악의 상태에 달해 있었다. 손가락, 발가락, 손등, 발등이 다 갈라지고 찢어져 상태가 점점 안 좋아졌다. 부끄럽게도 뭘 해도 좋아지지 않았다. 스스로 한약도 지어서 먹어보고, 잘 한다는 원장님을 찾아가 보기도 하고, 체질식도 해봤지만 쉽사리 나아지지 않았다.

그러던 한포진이 놀랍게도 책 쓰기 수업을 들으면서 좋아지기 시작했다. 책 쓰기 수업 중 '프리 라이팅'이라는 과정이 있다. 매일 특별한 주제 없이 내가 쓰고 싶은 글을 쓰는 것이다. 이 과정을 통해, 남들에게 잘 얘기하지 못하고 꽁꽁 감추면서 괴로워하고 있던 문제들을 글을 통해 털어내기 시작했다. 비밀이라고 생각하던 것을, 남들이 알면 부끄러울 것이라고 생각해서 숨기고 있던 사실을 털어놓으니 마음이 후련해졌다.

또 그때까지 참고 있었던 나의 욕구를 분출하기 시작했다. 어차피 지금까지 하고 싶은 것들을 다 하고 살았지만, 그래도 경제적인 이유 때문에 못 해본 것들이 많았다. 말하자면, 사고 싶었지만 돈이 아까워서 쳐다만 봤던 것들을 과감하게 사본 것이다. 저 옷을 입고 싶었지만 좀 더 싼 옷을 사고, 저 음식을 먹고 싶었지만 좀 더 저렴한 음식을 먹었었다. 그런데 이때는 하고 싶은 것을 다 했다. 처음으로 내 월급을 다 써보았다. 정말 후련했다. 모아야 한다는 걱정도 버리고, 빚 갚을 걱정도 버리고, 처음으로 나를 위해서 월급을 다 써보았다.

그러자 나 자신의 가치를 판단하는 기준이 달라지기 시작했다. 예전에는 타인의 시선을 너무도 신경 쓴 나머지 남들에게 보이는 브랜드를 중요하게 여겼고, 가격이 낮은 상품은 가치가 별로 없다고 생각했다. 내가 저렴한 브랜드 제품을 사용하고 있는 것도 부끄럽게 생각했다. 그런데 막상 비싼 옷을 입어보고, 좋은 신발을 신어보고, 비싼 음식을 먹어보니, 실제로 느껴지는 게 달랐다. 분명 만족스러운 상품도 있었지만 전혀 그렇지 않은 상품도 있었던 것이다. 오히려 가격은 저렴하지만 큰 만족감을 주는 제품도 있었다. 경험하지 않았을 때는 내가 가질 수 없는 것들에 대한 막연한 부러움이 있었고, 내가 가지고 있는 것들에 대해서는 가치를 느끼지 못했다. 하지만 경험하고 보니, 중요한 것은 가격이 아니라 내가 원하느냐 원하지 않느냐, 나에게 필요한 것이냐 필요하지 않은 것이냐 하는 여부였다. 드디어 시선이 외부가 아니라 나 자신에게 들어오기 시작했다. 그때까지 나의 판단 기준은 다른 사람의 시선에 있었는데, 이제는 내가 원하는 것으로 바뀌었다.

책 쓰기 수업은 여러모로 유익했다. 수업 중 『왓칭』이라는 책을 읽었는데, 거기에는 간절한 믿음과 왓칭을 통해 암을 극복한 할머니의 이야기가 들어있다. 나는 할머니의 사례를 나에게 적용하기 시작했다. 퇴근하고 집에 돌아와 무의식적으로 피부를 긁고 있는 나를 상상하면서, 그 모습을 3인칭적 관점으로 바라보았다. 피부를 긁고 있는 내가 있고, 그 모습을 나와 내가 사랑하는 사람이 보고 있다. 그랬더니 내가 너무 더럽고 이상하게 보였다. 사랑하는 사람에게 그런 모습을 보여주고 싶지 않았다. 그렇게 왓칭을 하고 나니 신기하게도 가려움도 긁고 싶은 욕구도 줄어들었다. 피부가 너무 가려워서 무의식적으로 긁을 때면, 긁는 나를 발견하는 즉시 왓칭을 실행했다.

또한 『호오포노포노의 비밀』이라는 책에서 나온 내용도 도움이 되었다. 너무 가렵고 힘들어서 참기 어려울 때마다, 눈물이 나올 때마다, "감사합니다. 사랑합니다. 죄송합니다. 나를 용서해주세요."라는 말을 되뇌었다. 그렇게 2~3달 정도 흐르고 나니, 나도 모르는 사이에 한포진이 많이 호전되어 있었다.

시간이 흘러가고 공동저서를 쓰고 있는 지금은 많은 활동들을 정리했다. 그렇게 남들이 포기하라고 했지만 할 수 없던 것들이 이제는 몇 가지에 집중하니 자연스럽게 정리가 되었다. 지금 나의 최대 관심사는 댄스스포츠와 연애다.

2018년 3월, 나는 처음으로 댄스스포츠 동호인 대회에 출전을 했다. 월요일과 화요일에 있는 댄스스포츠 수업과는 별도로 일주일에 3-4일씩 나가서 연습을 했다. 최고 관심사에 좀 더 집중하기 위해서는 다른 취미들을 포기할 수밖에 없었다. 먼저 그림 그리는 것을 그만두었고, 전시회 관람과 여행도 중단하였다. 고민 끝에 2월에는 노래 배우는 것도 그만두었다. 노래를 그만두기까지는 정말 많은 고민을 했지만, 결국 과감하게 정리하고 댄스스포츠와 일에만 집중했다. 결과적으로, 2018년 3월에 열린 동호인 대회에서 삼바 단일 종목 부문 3등이라는 영예를 안게 되었다. 한의학 영역에서도 지금은 내가 관심 있는 한 분야가 생겨서 그쪽 공부에만 집중하고 있다. 돌이켜보니, 내가 여러 분야에서 활동을 하고 공부를 했던 것은 수없이 흔들리고 고민했던 방황의 과정이었다. 어찌 보면 집중하고 싶은 무언가를 찾기 위해 꼭 필요한 과정이었다. 그 과정에 정점을 찍은 것이 바로 책 쓰기 수업이다.

책 쓰기는 내 인생의 중간에 멈추어 서서 좀 더 나를 바라볼 수 있게 해준 일등공신이다.

　나는 아직도 호기심과 욕심이 많고, 하고 싶은 것도 많은 사람이다. 하지만 예전과는 다르게 지금은 우선순위를 정할 줄 알게 되었다. 선택과 집중을 통해 내가 중요하게 생각하는 것들을 더 잘할 수 있게 되었다. 하고 싶은 것이 너무 많아 고민인 수많은 청춘들에게 나의 이야기를 들려주고 싶다. 빈부격차가 점점 심해지는 상황에서 흙수저라 괴로워하고 있는 모든 사람들에게도 나의 이야기가 도움이 되길 바란다. 어쨌거나 우린 지금도 잘하고 있고, 있는 그대로 괜찮은 사람이다. 그러니 함께 힘을 내자. 아자, 아자, 파이팅!

PART7

책 읽어주는 엄마가
글 쓰는 작가가
되기까지

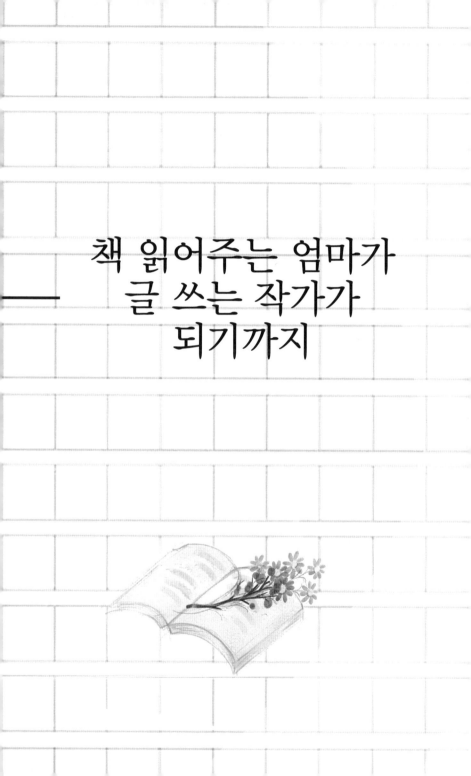

PART 07

작가 안미진

리딩맘프(reading mom and wife) 독서모임 운영자, 작가, 동기부여가

저자는 워킹 맘과 육아 맘의 경계가 공존하는 삶을 살고 있다. 결혼 전·후로 여러 초·중·고등학교에서 기간제교사 또는 강사로 근무하면서 십여 년 동안 학생들에게 영어를 가르쳤다. 2016년 9월부터 2018년 2월까지 대학교의 연구원으로 근무하며 30대 후반에야 비로소 진짜 '빡센' 워킹맘 생활을 경험했다. 현재 유치원 다니는 아들을 좌우충돌하며 키우는 엄마이지만, 대학 4년과 교육대학원 2년 6개월, 그 뒤 2년여 간을 더해 20대의 꽃다운 청춘을 다 바쳐 준비한 영어중등임용고시에서 고배를 마신 쓰라린 실패한 경험이 있다. 이후, 1년여 동안 방황하며 제2의 사춘기를 보냈고, 남들은 직장생활을 하며 결혼자금을 모으던 30살이라는 다소 늦은 나이에 자유로운 영혼을 자처하며 넓은 세계로 훌쩍 떠났다. 온 몸에 흐르는 뜨거운 피와 무대뽀 용기만으로 뉴질랜드, 호주를 거쳐 남미대륙을 배낭을 벗 삼아 여행했다. 무모했지만 찬란했던 배낭여행에서 돌아와 찾아온 누구에게나 처음인 '엄마노릇'은 다시 우울함을 느끼게 하는 듯 했다. 더 이상 엄마와 아내의 역할에만 안주하지 않고 책 속에서 나만의 정답과 나만의 길을 만들어가기로 결심하며 책 쓰기를 시작하게 되었고, 여행할 때 느꼈던 도전의식이 다시금 깨어나기 시작했다. 이후 '독서로 인생을 꿈꾸는 리딩맘 앤 와이프' 블로그와 독서모임을 운영하며 자신과 같은 처지에 있는 엄마들과 함께 꿈을 키워가고 있다.

이제는, 읽고 쓰는 일상에서 삶의 소소한 재미를 느끼며 살아가는 이 시대의 전형적인 보통 엄마이자 엄마작가로 진정한 소확행을 경험 중이다.

* BLOG : blog.naver.com/amj430
* E-MAIL : amj430@naver.com

당신은 살아있다.
행동하라.
인생의 과제와 윤리적 책임은 그리 복잡하지 않았다.
완전한 문장이 아닌 몇 단어로도 표현할 수 있었다.
'보아라.들어라. 선택하라. 행동하라.' 처럼.

_ 바바라 홀

01

엄마에서 멈출 것인가?
엄마에서부터
성장할 것인가?

∨

    2010년 서울가정법원 소년법정에서 A양에게 내린 판결 기사를 본 적이 있다.

    담당 판사는 서울 도심에서 친구들과 함께 오토바이를 훔쳐 달아난 혐의를 받은 A양에게 판결을 내리며 한 가지를 더 주문했다. 이미 14차례나 절도 폭행으로 법정에 선 전력이 있는 A양에게 "나는 이 세상에서 가장 멋있게 생겼다."라고 큰 소리로 외치도록 한 것이다. 예상치 못한 주문에 소녀가 머뭇거리자, 판사는 더 큰 소리로 "나는 무엇이든 할 수 있다. 나는 이 세상에 두려울 것이 없다. 이 세상은 나 혼자가 아니다."라는 말을 따라 하게 했다 판사의 말을 따라 외치던 소녀는

"이 세상은 나 혼자가 아니다."라는 마지막 말에서 참았던 눈물을 터뜨렸다.

사건이 일어나기 한 해 전만 해도 A양은 어려운 가정환경 속에서도 열심히 공부하는 착실한 소녀였다. 담당 판사는 학교폭력으로 비행 청소년이 된 A양이 범죄를 저지른 것은 개인만이 아니라 사회에도 책임이 있다고 판단하여, 법정에서 다음과 같이 말했다고 한다.

"A양의 삶이 이렇게 망가진 것을 알면 누가 가해자라고 쉽게 말할 수 있겠는가? 아이의 잘못이 있다면 자존감을 잃어버린 것이고, 그렇다면 스스로 자존감을 찾게 하는 처분을 내려야 한다."

이어 A양에게 이렇게 말했다.

"이 세상에서 누가 제일 중요할까? 그건 바로 너란다. 그 사실만 잊지 않으면 돼. 그러면 지금처럼 힘든 일도 이겨낼 수 있을 거야."

엄한 법적 처벌 대신 따뜻한 손을 내밀어 준 이 판결은 우리 사회에도, 내 마음에도 작은 감동을 주었다.

지난해 여름, 일과 육아를 병행하며 정신없이 지내던 중 방학을 맞이하면서 조금 숨 돌릴 틈이 생겼다. 잠시 여유가 생기니 자연스레 나를 돌아볼 시간을 가지게 되었다.

'집과 직장을 반복하는 생활 속에서 경제적인 것 외에 얻을 수 있

는 것은 무엇일까?'

'직장을 다니느라 아이와 보낼 시간이 너무 적은 것은 아닐까?'

'일하는 엄마라는 핑계로 아이 교육에 손 놓고 무심해하고 있는 건 아닐까?'

'가을에 이사를 가면 출퇴근 시간이 더 길어질 텐데 그러면 어쩌지?'

'앞으로 곧 닥칠 40대는 어떤 모습일까?'

아이의 교육에 관한 질문에는 현실적인 답을 구해야겠지만, 사실 대부분은 고민한다고 뾰족한 방법이 나타나지 않는 질문들이다.

코칭전문가이자 사진작가인 아리카와 마유미는 그녀의 저서 『서른에서 멈추는 여자 서른부터 성장하는 여자』에서 각 분야에서 활발하게 활동하는 2천여 명의 여성 리더들을 인터뷰한 후, 계속 성장하는 인생을 위한 36가지 전략을 알려주고 있다.

책 뒤표지에 이런 질문이 적혀있었다.

"뭔가 되어 있을 줄 알았는데 여전히 머무르고 있다고 느낀다면, 과연 나는 계속 성장하는 사람일까?"

결혼을 하고 아이를 키우는 엄마로 '뭔가 되어 있을 줄 알았지만' 여전히 육아는 쉽지 않고 좌우충돌하며 7살은 처음 키워보는, 늘 초보인 엄마. 주어진 역할인 엄마와 아내, 며느리의 역할을 잘 수행하는 것 같지도 않고, 특별할 것도 없이 잔잔하게만 고여 있는 호수처럼 '여전히 머무르고 있다'는 생각에 미치자 '과연 나는 계속 성장하는 사람일까?' 라는 질문이 머릿속에서 맴돌았다.

성장이라는 말이 거창하게 느껴지니 질문을 바꾸어본다.

"5년 뒤, 10년 뒤의 나는 지금과 얼마나 달라져있을까?"

"모든 일에는 흐르는 방향이 있습니다. 멈추어 있는 것보다는 무엇이든 흐르게 하는 게 중요합니다. 몸을 움직여 행동하다 보면 기분은 자연스럽게 변합니다. 마음이 바뀌기를 무작정 기다리는 것은 시간 낭비입니다. 상심한 기분을 오래 끌고 가봐야 좋을 건 하나도 없습니다. (중략) 눈앞의 현실을 부정할 것이 아니라, 다음과 같은 말로 되물어야 합니다. '자이제 어떻게 할 것인가? 이게 나의 진심인가?' 우리들은 항상 인생에게 진심의 정도를 시험당하고 있습니다. 마음을 바꿀 수 있는 것은 행동하는 것뿐입니다."

— 『서른에서 멈추는 여자 서른부터 성장하는 여자』 중에서

위 내용을 읽으면서 멈추어버린 나를 돌아보게 되었다. 엄마가 되는 인생의 전환점에서 자아가 아닌 오로지 아이와 가정에 에너지를 쏟느라 엄마와 아내라는 역할에서 멈추어 버린 나를 말이다. 나는 분명

하고 싶은 것이 많았던 여자였는데 어느 새 가정이라는 울타리 안에서 한 발자국도 내디딜 수 없는 존재가 되었다. 그런 모습에 나는 종종 무기력해지고 우울해졌다. 정체되어 있는 내 모습에 부정적인 생각들로 머릿속이 가득 차고, 급기야는 신세한탄만 하며 불평불만만 늘어놓았다. 그럴수록 또다시 무기력해지고 기분만 가라앉는 악순환, 바로 그때 이 책에서 말하는 질문을 생각해보았다.

"자, 이제 어떻게 할 것인가? 이게 나의 진심인가?"

스스로에게 던진 이 질문을 통해 나는 깨닫게 되었다. 아이와 함께 엄마도 성장해야 한다는 것을, 그것을 위해 새로운 마음가짐과 행동이 필요하다는 것을, 그리고 무엇보다 지금이 그렇게 해야 할 시점이라는 것을 말이다.

해답이 없던 고민은 다람쥐 쳇바퀴 같은 생활을 바꾸고 싶다는 간절한 생각으로 바뀌었고, 간절한 생각은 하고 싶은 것과 해야 할 것들을 하나씩 행하게 해주었다. 우선, 스마트폰으로 쇼핑 검색을 하며, 사지도 않을 물건을 장바구니에 담는 습관적 행동을 멈추었다. 그리고 남편이 퇴근하고 아이가 잠들면 무조건 운동화를 신고 집 근처 공원을 걸었다. 소식하여 3킬로그램 정도를 빼니 몸도 조금 가벼워졌다. 드라마 재방송을 보며 밤늦게 잠자리에 들던 습관을 버리고, 대신 아침 일찍 일어나 책을 읽는 습관을 들였다. 일찍 일어나는 것이 익숙해지자 기상시간을 조금 더 당겨 5시에 일어나 책을 읽었고, 다 읽고 난 느낌을 블로그에 기록하기 시작했다. 이처럼 일상에서 할 수 있는 것들부터 시작하니, 어제가 오늘 같고 오늘이 내일 같던 무기력한 생활이 조금씩 변해갔다. 그러자 내 안에 가득했던 불평불만이 서서히 사라졌고, 그 대신 작은 성취감과 만족감이 자리를 잡았다.

그리고 저녁에 일정 시간을 내어 평생교육원 강좌를 듣기 시작했다. 결혼 후 처음으로 나 자신을 위해 수강료를 지불한 것이다. 그것은 나를 위한 선물 같은 시간이었다. 퇴근하면 집으로 출근한다는 워킹맘에게 자기계발은 사치가 아니라 필수품이었다. 일주일에 한 번 저녁시간을 나에게 투자한다고 아이나 가족에게 큰일이 일어나는 것도 아니었다. 그 짧은 8주 과정은 나만의 시간 속에서 행복과 기쁨을 느끼기에 충분한 시간이었다. 나도 내가 원하는 배움에 투자할 수 있구나 하는 행복 말이다. 일을 하는 엄마든 하지 않는 엄마든, 어쨌든 엄마라면 일주일에 한 번 정도는 아이를 남편에게 맡기고 자신이 원하는 것에 투자하는 시간을 꼭 가져보기 바란다.

『브레이킹』의 저자 조 디스펜자는 23세에 사이클 경기 도중 척추가 부러지는 사고를 당했다. 척추에 철심을 꽂는 수술을 받지 않으면 평생 전신마비가 될 수 있었고, 수술이 잘 된다 해도 회복기간은 6개월이나 걸리게 되었다. 하지만 이와 같은 의사의 소견에도 불구하고, 그는 뇌와 몸의 자연치유력을 믿고 수술을 거부했다. 그리고 그는 단 12수 만에 걷게 되는 기적을 경험했다. 그는 『브레이킹』에서 자신의 경험을 바탕으로 이렇게 말한다.

"마음의 5퍼센트만이 의식적이며, 이것이 잠재의식을 작동시키는 나머지 95퍼센트와 싸우고 있다."

저자의 말에 따르면, 인간은 35세 무렵부터 몸의 95퍼센트 정도가 반복된 잠재의식의 기억 속에 자리하게 된다. 쉽게 말하면, 우리는 일상 속에서 이성적으로 생각하고 의식하며 산다고 하지만 사실은 반복되는 무의식적인 습관들, 즉 95퍼센트의 잠재의식으로 살아가고 있는 것이다. 우리는 과거에서부터 축적되어 온 잠재의식적 행동으로 오늘을 살아간다. 미래 또한 별반 다르지 않다. 매일 비슷하고 반복되는 일상의 연속에서 오늘은 어제의 반복이 되고, 내일은 예측 가능한 오늘이 되는 것이다.

그렇다면, 아이를 양육하며 가족을 돌보느라 눈코 뜰 새 없이 바쁜 엄마들은 예측 가능하지 않은 내일을 만들기 위해 무엇을 할 수 있을까? 엄마가 된 후 그 자리에 멈춰있지 않고 계속 성장하려면 무엇을 어떻게 해야 할까?

제일 쉬우면서도 당장 할 수 있는 것이 하나 있다. 그것은 바로 이 책에 집중하고 있는 당신도 할 수 있는 것, 즉 '독서'이다. 책을 통해 얻는 위로와 공감은, 엄마와 아내 혹은 일하는 엄마의 삶은 혼자 고군분투하며 살아가는 힘든 삶이 아니라는 것이다. 또한 다른 사람들의 삶을 들여다보며 깨달은 삶의 이치는 나를 돌아보고 미래의 내 모습까지도 구체적으로 그려볼 수 있도록 도움을 준다.

누구라도 읽다가 만 책이나, 사놓고 읽어보지 못한 책이 한 권쯤은 책장에 꽂혀 있을 것이다. 지금 바로 그 책장으로 가서, 마음에 드는 책 한 권을 뽑아 눈에 잘 보이는 곳에 두기 바란다. 자신이 움직이는 생활 반경에 책을 놓아두면 자연스레 책이 눈에 들어오게 된다. 책을 계속 인식하다 보면 한 장이라도 넘겨보게 될 것이다. 첫 장에 나오는 저자의 프로필과 목차를 보고 읽고 싶은 마음이 든다면 절반은 성공한 셈이다.

거실의 소파 위, 식탁 위, 침대 옆이나 책상 위 어디든 눈에 띄는 곳에 책을 두면 읽을 기회가 생긴다. 기왕이면 자주 매고 다니는 가방 속에도 한 권 넣어두어, 자투리 시간에 스마트폰 대신 책을 보도록 하자. "바빠서 읽지 못하는 것이 아니라, 읽지 않기 때문에 바쁜 것이다."라는 말이 있다. 일상 속 생기는 틈새 시간에 책을 읽으면 수많은 삶의 지혜를 깨닫게 되고 사고의 유연함도 생기게 된다. 바로 그 삶의 지혜와 사고의 유연함이 '엄마에서부터 성장'하기 위한 첫 단계로 당신을 안내해줄 것이다.

　"나는 무엇이든 할 수 있다. 나는 이 세상에 두려울 것이 없다. 이 세상은 나 혼자가 아니다."라고 판사가 소녀에게 따라 외치게 한 말처럼, 엄마가 된 후에도 '무엇이든 할 수 있고 두려울 것이 없다'고 생각할 필요가 있다. 엄마에서 성장을 멈추는 것이 아니라 엄마에서부터 성장하기 위해, 스스로 갇힌 알 안에서 나와야 한다. 스스로 껍질을 깨고 나오지 않는 한 아무것도 할 수 없다. 해보고 싶다는 생각이 드는 어떤 것이든 괜찮다. 이 책을 읽고 있는 지금 이 순간, 작은 행동부터 실행에 옮겨서 스스로 가둔 한계에서 벗어나길 바란다. 무엇이든 할 수 있는 당신이니까 말이다.

02

책 쓰기,
그 참을 수 없는
두근거림

∨

"사람들은 일을 열심히 해서 피곤하다고 생각한다. 그러나 일을 열심히 해서 피로감을 느끼기란 쉽지 않다. 사람들이 피곤해 하는 이유는 목표가 없기 때문이다. 일 때문에 피곤한 것이 아니라 그 일을 왜 하는지 잊어버렸기 때문에 피곤한 것이다."

존 고든의 『인생단어』에서 이 내용을 읽자마자, 예전 직장에서 업무에 쫓겨 한창 바쁠 때가 생각났다. 보고서 작성 때문에 컴퓨터 화면을 계속 주시하느라 눈이 뻑뻑했고 머리도 자주 지끈거렸다. 잠시 쉴 틈도 없이 몰아치는 업무를 처리하느라 피곤함을 느꼈고, 그 피로감은 퇴근 후 고스란히 가족에게 향했다. 이런 상황이 반복되자 어린 아들을 떼놓고 내가 왜 일을 하고 있는지, 도대체 일이 나에게 주는 의미는 무엇인지 서서히 고민하게 되었다. 그런데 이 책을 읽고 분명히 알게 되었다. 바쁜 업무 때문에 피곤한 것이 아니라, 일에 대한 목표와 삶에 대한 방향성이 없었기 때문에 피곤했던 것이다.

이어서 나오는 대목은 일에 대한 뜨거운 열정도 원대한 목표도 부족한 나의 모습을 보여주었다.

"행복은 일을 마치고 얻는 열매가 아니라, 그 일의 의미와 목표다. 열정과 목표를 따라가면 행복은 자연스럽게 찾아온다. 행복을 찾아 나설 필요가 없다."

결국 열정이나 목표가 없었기에 만족감과 행복도 멀리 있었던 것이다.

그렇게 삶의 지향점을 잃은 채 직장과 집을 왔다 갔다 하며 틈틈이 TV와 스마트폰에 빠져 지내던 중, 지난해부터 책 읽을 시간을 확보하기 위해 아침에 일찍 일어나기 시작했다.

얼마 전에 읽은 『일독일행 독서법』의 저자 유근용은 불행했던 자신의 과거와 학창시절 경찰서를 들락거리면서 뿌리 깊게 박힌 부정적인 생각들을 책을 읽으면서 정화해나갔다. 군대에서 읽은 책 한 권을 시작으로, 그는 품속에 넣은 책을 몰래 몰래 한 장씩 꺼내 읽거나 화장실에 숨어서 책을 볼 정도로 책에 미쳐있었다. 십 년 넘게 지속된 그의 독서 세계가 고스란히 담긴 이 책을 읽으며 나 역시 자신을 돌이보게 되었다. 그 중에 기억에 남는 부분이 있다.

"대부분의 사람들은 "~가 되고 싶다."라는 말만 되풀이할 뿐 실제로 자신이 무엇을 원하는지 질문하지 않는다. 아니 너무 어려운 질문이라고 생각해 답을 찾는 걸 두려워한다. 하지만 인생의 변화는 자신을 아는 것에서 시작된다. 자신을 알지 못하고 큰 발전을 이룬다는 것은 불가능하다. (중략)

책을 읽고 사색하는 시간을 가지면 스스로를 알아갈 수 있다. 더불어 앞으로 나아갈 길도 찾을 수 있다. 오직 자신만이 만들 수 있는 새로운 길 말이다. '나'를 잃어버렸다는 생각과 삶을 바꾸고 싶다는 마음이 간절할 때가 바로 책을 읽어야 할 때다."

인생의 변곡점은 자신을 제대로 아는 것에서부터 그려진다고 한다. 나 역시 책을 읽으면서 스스로를 돌아보고 반성하기도 하면서 나를 알아가게 되었다. 전에는 아이를 키우고 집안일을 하며 아내와 엄마, 며느리의 역할만 하다 보니 '나'라는 사람이 어떤 사람이었는지 도통 생각이 나지 않았다. 나는 잃어버린 '나'를 찾고 싶었고, 그래서 삶의 목표를 설정하기 위해 책을 읽었다. 그리고 삶을 바꾸고 싶은 마음에 책에서 답을 구하고자 했다. 이 책을 읽고 난 뒤에는 책을 읽어야 하는 이유가 더 명확해졌다.

그 후로는 책을 읽는 것에 그치지 않고, 읽으면서 느낀 공감과 위로를 바탕으로 간단한 리뷰를 블로그에 써놓고 있다. 그 리뷰는 다른 사람들과 공유하고 소통할 수 있는 하나의 수단이 되었다. 매일 읽고 매일 쓰는 일상은 직선 같았던 나의 삶에 곡선을 그리며, 삶에 대한 만족감을 조금씩 높여주었다.

블로그에 글을 쓰면서 작은 전환점을 맞이했다. 다른 이들의 글을 읽을수록 나의 부족한 글 솜씨를 인식하게 되었고, 더 잘 쓰고 싶은 마음도 한껏 부풀어 오른 것이다. 나와 비슷한 처지의 엄마들이 어쩜 이렇게 맛깔난 글을 쓸 수 있는지 궁금해졌고, 그래서 잘 쓰는 그녀들의 글을 차근차근 읽어보았다. 그녀들처럼 잘 쓰고 싶은 마음은 질투심으로 내 눈을 흐리게 하거나 부족한 나를 비하하도록 만든 것이 아니라, 꾸준히 노력하게 만드는 하나의 원동력이 되었다. 그 원동력은 매일 한 줄이라도 계속 쓰도록 나를 책상 앞에 앉게 했고, 미치도록 성장하고 싶은 생각으로 나를 이끌었다.

온라인 세상에서 소통을 시작하니 책을 출간한 사람들을 꽤 많이 만나게 되었다. 심심찮게 발견되는 그들의 모습은 문득 '나도 책을 쓸 수 있을까?'라는 막연한 생각으로 커졌고, 이내 그 생각은 내 마음을 가득 메웠다. 고민 끝에 책을 쓰기로 결심하면서, 지금은 매일 아침 꾸준히 글 쓰는 시간을 갖고 있다.

글을 쓰면서, 막연하지만 곧 하고 싶고, 되고 싶은 내 모습을 그려 보았다. 꾸준히 읽고 쓰며 생각을 나누고, 사람들에게 나의 이야기를 하는 모습이다. 그런데 세상에는 이미 전문가라는 타이틀을 목에 걸고, 내가 원하는 모습으로 활동하는 사람들이 많이 있다. 마음속에 내가 바라는 모습을 꽉 차게 그려놓으니 그런 사람들이 눈에 보인다. 그들의 활동 반경을 지켜보고 있으면, 자극도 받지만 동시에 자신감이 떨어지기도 한다. 글을 쓴다는 것은 수많은 시행착오 끝에 내린 나의 선택이었지만, 매일매일 부족한 나를 확인하는 일이기도 했다. '과연 내가 할 수 있을까?'라는 의심이 몇 번씩이나 올라왔고, 쓰면 쓸수록 조바심이 나기도 했다. 얼른 그들처럼 내 이름의 책을 세상에 내놓고 싶은 마음이 굴뚝같았다.

나의 이야기를 통해 육아를 전담하는 엄마들 혹은 일과 육아를 병행하는 엄마들이 용기와 힘을 얻어 갈 수 있으면 좋겠다. 물론 준비도 되어 있지 않은 내가 공허하게 외치기만 한 것은 아닌지 걱정되어 글이 써지지 않을 때도 있었다. 하지만 이 모든 과정을 거치고 나의 글은 책이라는 선물로 세상 빛을 보게 되었다.

앞서 소개한 아리카와 마유미의 『서른에서 멈추는 여자 서른부터 성장하는 여자』 중에서 3장 '계속 성장하는 힘은 어디에서 오는가'의 일부를 옮겨본다.

"'~하고 싶다' 는 생각이 드는 것은 내 안에 작은 파도가 치고 있다는 신호입니다. 그 파도가 작아 보일지라도 일단 올라타고 보면 의외로 큰 파도를 만날지도 모릅니다. 행동하면 다양한 기회를 만나기 쉬워집니다. 사실 서른부터의 인생의 파도는 스스로 만들어내고 스스로 끌어당기는 것입니다. 이것저것 재보고 난 다음의 판단이 과연 정확할까요? 오히려 설명할 수는 없지만 '해야만 할 것 같다'는 감이 더 정확할 때가 있습니다. 계속해서 성장하는 사람들은 그런 감을 가지고 있고, 그것을 키워온 사람들입니다."

나는 책을 출간하고 싶다는 내 마음속 작은 파동을 지나치지 않았다. 해야 할 것 같은 감을 믿고 작은 파동에서 시작된 좀 더 커진 파도에 올라탔다. 매일 꾸준히 씀으로써 행동으로 옮겼다. 그리고 그 행동이 축적되어 나의 글이 책으로 출간되는 기회까지 얻었다. 글이 책이 되는 과정을 보면서 책과 함께 깨지고 단단해지며 성장하는 내 모습도 볼 수 있었다. 책과 글이 이처럼 참을 수 없는 두근거림을 선사할 줄은 미처 예상하지 못했다.

하고 싶다는 막연한 생각이 작은 파동을 일으키고 이내 더 큰 파도가 되어 내 마음을 요동치게 만든다면, 일단 올라타서 행동해야 한다. 정확하게 설명할 순 없지만 '해야 할 것 같다는 감'을 따르는 것이 때로는 필요하다. 그 감을 키우며 행동할 때 기회는 스스로 만들어진다. 그리고 당신은 계속 성장하는 힘을 기르게 된다.

행동하지 못하는 사람에 대하여 크리스토퍼 파커는 이렇게 말했다.

"행동을 미루는 것은 신용카드와 같다. 즐거움을 만끽할 수는 있지만, 그것은 빚 갚을 때가 돌아오기 전까지 뿐이다."

이제 나는, 하고 싶은 것을 더 이상 마음속에 묵혀두지 않고 행동으로 옮길 또 다른 누군가의 모습을 상상해본다. 작은 파동과 파도에 올라타, 내가 느낀 그 참을 수 없는 두근거림을 이 책을 읽는 모두가 느껴볼 수 있기를 바란다.

03

책 읽어주는 엄마에서
글 쓰는
작가 엄마가 되다

∨

"삶에는 성공보다 더 많은 실패와 상처들이 존재합니다. 그러나 실패가 두려워 아무것도 하지 않는다면 시작하자마자 패배한 것이나 다름없겠지요. 인생은 성공한 일을 적어 놓은 목록이 아닙니다. 이것을 알게 되면 여러분은 분명 행복할 수 있을 것입니다. 당신과 세상을 바꾸는 데 마법은 필요하지 않습니다. 그 힘은 우리 안에 이미 존재하고 있으니까요."

해리포터의 창조자이자 작가 조앤 K. 롤링이 하버드대학 졸업식 때 한 축사의 일부이다. 그녀는 낡은 타자기로 매일 글을 쓰며 가난과 이혼녀라는 사회적 시선을 견뎌냈고, 마침내 해리포터 시리즈로 세계적인 명성을 얻었다. 두려움까지 앗아간 철저한 실패 속에서 오히려 한 가지에만 몰두할 수 있는 자유를 느꼈다고 말하는 그녀를 통해 나의 20대를 돌이켜보았다.

나는 20대 내내 준비했던 시험에서 낙방한 실패의 경험이 있다. 1차 시험은 통과했지만 2차 면접에서 불합격이라는 고배를 마셨다. 당시 29살의 내가 느낀 첫 감정은 오로지 시험만을 위해 도서관에서 살았던 아까운 시간에 대한 배신감과, 즐기지 못한 나의 꽃 같은 청춘에 대한 억울함이었다. 뚜렷한 직장도 없이 20대의 마지막에 맞이한 인생의 쓰디쓴 실패 앞에서 나는 얼마간 정신을 차리지 못하고 넘어져 있었다. 그대로 주저앉아 있을 수만은 없었기에 도망치듯 어학연수 길에 올랐다. 남들은 직장생활을 하며 결혼자금을 착실히 모은다는 서른 살, 하지만 나는 그 나이에 어학연수를 떠나면서 무거운 현실과 실패에 대한 해방감을 느꼈다. 그리고 다시 한 번 내 앞에 놓인 하루를 충실히 보내는 것이야말로 행복의 지름길임을 깨달았다. 실패가 두려워 아무것도 하지 못하면 그것 또한 패배와 같다는 조앤 K. 롤링의 말처럼, 시험에 실패한 후에 떠난 어학연수는 많은 시간이 지난 지금 더욱 소중하고 값진 경험으로 남아있다. 실패 후에 이어진 더 넓은 세계로의 이야기가 다양한 삶의 모습을 보고 경험하도록 나를 이끌어주었기 때문이다.

결혼 후 맞이한 육아의 세계는 매일 커가는 아이의 모습과는 다르게 지지부진한 나의 모습을 여실히 보여주었다. 어느새 7살이 된 아들은 잠들기 전에 꼭 책을 몇 권 가져와 읽어달라고 한다. 책을 언제부터 읽어주었는지 생각해보니, 아들이 걸음마를 배우기도 전부터였다. 앉아있거나 한 발씩 내디디며 활동량이 적었던 어린 시절엔 하루에도 수 십 권의 책을 읽어주곤 했다. 많이 읽어주면 한글도 일찍 깨우치고 똑똑해지리라는 생각에 최선을 다해 열심히 읽어주었다. 읽어줄수록 책을 통해 소위 공부 잘하는 아들로 컸으면 좋겠다는 욕심도 생겼다. 아침에 눈을 뜨면 하품을 하며 어젯밤 읽어준 책 앞에 털썩 앉는 아들의 모습에 하늘로 날아갈 것 같은 기분도 들었다. 그래서 더 열심히, 아침부터 아들이 읽어달라는 대로 많은 책을 읽어주었다.

하지만 신체활동이 많아지고 주변을 탐색하며 에너지를 발산하는 시기가 오자 아들은 점점 책을 멀리했다. 애가 타는 엄마 마음은 몰라주고 점점 딴짓에 빠지는 아들이 걱정되어, 아들을 끌어당겨 내 무릎에 앉히기도 했었다. 그럴 때마다 아들은 책보다 외부탐색에 더 많은 관심을 가졌고, 책을 들이밀어도 예전만큼 흥미를 보이지 않았다. 목 아프게 읽어준 엄마의 수고도 모른 채 각종 놀이에 심취해 있는 아들에게 배신감도 느꼈다. 하지만 책만 읽어주려는 엄마의 욕심을 알아차린 듯 아들은 점점 딴짓에 빠졌고, 책 보는 것에는 아주 적은 시간만

허용했다. 그때 알았다. 책은 아이를 위해 읽어주는 것임에도, 어느 순간부터 엄마의 욕심만 채우고 있었던 것을 말이다. 그리고 그 욕심을 서서히 내려놓자고 생각했다. 내려놓는 것이 쉽지만은 않았지만, 내려놓으니 한결 편했다.

대신 더 중요한 것을 찾았다. 그것은 나부터 '좋은 사람'으로 올곧게 서는 것이다. '좋은 사람'이란 말이 좀 모호하지만, 올곧게 서기 위해 나 자신부터 들여다본다면 어느새 '좋은 사람'이 되어 있을 것이다. 현재의 상황과 나의 감정 그리고 나의 고민들을 진지하게 살펴보면 된다. 나를 먼저 살피는 것이 중요하다.

아이의 있는 그대로의 모습을 보지 못하고 연령별로 추천하는 책을 한 권이라도 더 읽히려고 급급해하는 엄마, 아이가 낮잠 자는 동안 무슨 전집을 들일지 검색하느라 정작 아이가 깨서 놀아주어야 할 시간엔 피곤해지는 엄마, 아이를 위한답시고 육아고민의 해답을 정확하지도 않은 소위 '카더라' 통신에 의존하는 엄마, 아이가 실수를 거듭하는 것은 배우는 과정임을 인식하지 못한 채 실수를 한 아이에게 화를 퍼붓거나 아이를 다그치는 엄마, 이런 누군가의 모습을 봤을 때 나는 절대 그런 엄마는 되지 말아야겠다고 생각했었다. 하지만 내 모습의 민낯을 확인한 순간 화들짝 놀라고 말았다.

이젠 안다. 좋은 사람이 좋은 엄마가 된다는 것을. 그래서 좋은 엄마가 되어야 한다는 무의식적인 압박감에서 벗어나, '나'라는 존재로 바로 서야 한다. 보이지만 결코 보지 못한 '나'라는 사람을 다시 세우는 것이 우선시 되어야 한다. 그것이 좋은 사람으로 다가가기 위한 첫 걸음이다.

네일샵을 운영하는 10년 차 네일 아티스트이자 저자 이은진은 자신의 저서 『손끝으로 그리는 행복』에서 이렇게 말했다.

"남편과 아이는 챙겨도 나를 챙길 시간은 없었다. 일하고 살림하고 아이 보고 자고 또 일하러 가고, 나를 위한 시간은 단 1초도 없었다. 이렇게 계속 시간만 보내서는 안 될 것 같았다. '나'라는 사람이 자라기 위해서는 목마름을 해소해야 했다. (중략) 어릴 적 행복이 '놀이'였다면 엄마가 된 지금의 행복은 '책 읽기'이다. '책 읽기'가 '행복'이 된 것이 웃기지만 읽지 않더라도 책을 손에 잡기만 해도 마음이 편안하다."

네일샵에서 일을 하는 엄마나 아내가 아닌 '나'로 자라기 위해 책을 읽기 시작한 그녀는, 아이들에게 책을 읽히기 위해 일부러 책을 펼친 엄마의 모습을 보여주었다고 한다. 그리고 이젠 책을 손에 잡기만 해도 행복하다고 말하며, 글을 쓰는 작가가 되었다.

『잘나가는 여자들에겐 커뮤니티가 필요하다』의 저자 최상아는 지역 맘 카페를 운영하며, 교육 콘텐츠 기획 전문가이자 교육 전문가로 활발한 활동을 하고 있다. 하지만 그녀 또한 육아와 살림을 하는 동안에는 자신에게 꿈이 있었는지 생각조차 하지 못했고, 꿈이란 그저 먼 신기루처럼 눈에 보이지도 잡히지도 않는 것이었다고 고백했다.

"자신감을 얻고 성취감을 얻기 위해서 꼭 자신이 좋아하는 일로 돈을 벌어보길 바란다. 반드시 대단한 일이 아니어도 좋다. 무엇을 해서 '돈을 벌어야지'라고 생각하기보다 '하면 즐겁고 시간 가는 줄 몰라서 하다 보니 돈이 벌리는 일'을 찾아보자."

그녀는 아이가 어느 정도 자라 여유가 생겼다면, 무언가에 집중할 수 있고 좋아하는 것을 찾으라고 말한다. 취미든 돈벌이든, 스스로 몰입할 수 있고 미래의 목표를 가질 수 있는 것이라면 무엇이든 좋다. 잘 나가는 여자가 되기 위해서는 관심사가 비슷한 사람끼리 모여 소통하고, 아주 작은 일이라도 실제로 행동하는 것이 중요하다.

그녀들의 모습을 보고 나니, 문득 1년 뒤 혹은 5년 뒤 나는 무엇을 하며 어떻게 살고 있을까 궁금해졌다. 몇 년 뒤에도 어느 초등학교의 몇 학년 몇 반 누구의 엄마로만 내 존재를 확인하고 싶진 않았다. 그래서 책을 펼쳤고 글을 썼다. 책을 읽고 글을 쓰는 동안 나를 들여다

보니, 나의 내면이 조금씩 단단해지고 있음을 느낀다. 읽으면서 생각의 폭을 넓히고, 쓰면서 더 발전하는 내가 되고 싶다.

독서와 글쓰기는 당장 눈앞에 보이는 금전적인 부나 사회적인 인지도 혹은 성과를 얻게 해주는 것은 아니다. 그럼에도 어느새 읽고 쓰는 것을 즐기는 나를 발견한다. 그래서 더욱 최선을 다해, 내 속에 숨겨두었던 나만의 이야기를 꺼내 진심이 담긴 글을 쓰고 싶다. 나의 글이 누군가에게 따뜻한 울림과 공감을 느끼게 해주었으면 좋겠다. 책을 읽으면서 나도 모르게 뜨거운 눈물을 흘렸던 것처럼, 이 책을 읽는 누군가도 뜨거운 마음으로 위로를 받았으면 좋겠다. 좀 더 나은 삶을 살아갈 힘을 나의 글을 통해 얻어갈 수 있다면 더할 나위 없이 좋겠다. 비록 시작은 작고 보잘 것 없어 보이지만 점점 많은 이들의 공감을 불러일으킬 수 있는 글이 된다면, 나 역시 성공이자 성장이라는 작은 점을 찍을 수 있지 않을까?

이젠 내 앞에 놓인 하루하루를 보다 충실히 보내는 것에 최선을 다하고 싶다. 매 순간 육아에 흔들리는 부족한 엄마일지라도, 조급해하거나 불안해하지 않고 내려놓으리라. 그렇게 함으로써 마음의 그릇이 1센티미터라도 넓어진다면 그것으로 만족한다. 마음의 그릇이 조금이라도 단단해지고 넓어지고 긍정의 에너지로 채워진다면, 그 자체로도 충분히 행복하다. 실패를 거듭하여도 그 속에서 배우고 성장할 수만 있다면 그 과정 또한 즐기리라.

이제 나는 즐기며 성장하는 작가다.

PART8

엄마이기에
쓸 수 있는 글,
엄마이니까
가질 수 있는 힘

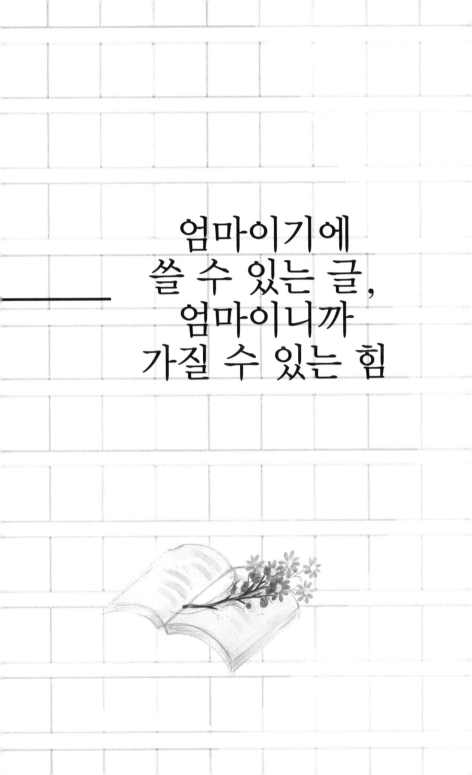

PART 08

작가 임효빈

행복을 읽는 엄마, 작가, 아이맘 컨설턴트

나이에 비해 동안의 얼굴을 갖고 있는 그녀는 아마도 순진해 보이는 외모 때문인지 성장하면서 사람들을 통해 마음의 상처를 더 많이 받았다. 겉으로는 그 마음을 잘 드러내지 않는 편이지만 얼굴에서는 항상 감정들이 잘 드러나기도 해서 더 많이 웃으면서 살았던 기억이 있다. 소녀감성이 풍부하고 마음이 여려 눈물도 많은 편이지만 자신의 소개를 할 때면 "약간 내성적이지만 친해지면 말이 많아요" 라며 수줍은 듯 이야기 하는 저자는 알면 알수록 마음이 따뜻한 사람이다. 감정이입이 잘되는 타입이어서 그런지 사람들의 마음을 자신의 일 인 것처럼 이해하고 받아드리면서 진심으로 사람을 대한다. 특히 아이들을 좋아해서 어릴 적 장래 희망이 유치원 선생님이기도 했다고 말하는 그녀는 아이들의 마음을 먼저 들여다 보려고 하는 시각과 따뜻함을 함께 가지고 있다.

대기업 S전자 반도체에서 10년 넘게 근무하다 육아휴직을 하고 복직을 앞두고 있다가 갑작스럽게 하게 된 퇴사 후 육아에 전념하던 저자는, 말보다는 글로 표현하는 마음이 좀 더 편해 작가로서 글을 쓰기 시작했고, 더 많은 꿈을 꾸고 꿈을 위해 노력하면서 사람들과 소통하며 마음을 공유하고 상처받은 마음들을 치유하는 과정을 함께 하기를 희망한다고 말한다. 그녀가 꿈꾸는 세상은 상처로 가득한 세상이 아닌 사랑과 웃음이 가득한 세상이기에.

* INSTAGRAM : @hatoombini486
* E-MAIL : hatoombini486@naver.com

행복은 성취의 기쁨과 창조적 노력이 주는 쾌감 속에 있다.

_ 프랭클린 D. 루스벨트

01

이제야
나는
엄마가 되었습니다

∨

나는 현재 두 아이의 엄마이다. 세상의 모든 엄마들이 그랬듯, 나도 처음부터 엄마는 아니었다. 나와 동생을 낳아주신 친정엄마의 고단한 삶을 보면서 항상 생각한 게 있다.

'언젠가는 나도 결혼을 하고 아이를 낳을 날이 오겠지?'

'근데 과연 내가 아이를 낳고 잘 키울 수 있을까?'

아직 일어나지도 않은 일에 대한 막연한 불안과 고민, 하지만 8년의 연애 끝에 나도 결혼을 하였고, 결국 30살에 한 아이의 엄마가 되었다.

2014년 7월, 첫 딸아이를 낳던 날은 비가 많이 오던 날이었다. 41

주에 유도분만을 위해 입원을 했는데, 입원 전부터 배 당김이 심상치 않더니 측정결과 진통이 시작되었다고 했다. 하지만 아침까지는 아이가 나오지 않을 테니 여유를 가지라 하였고, 그래서 퇴근하고 온 남편을 집에 다녀오라고 보냈는데 보내자마자 신호가 온 것이다. 결국 병원에서 혼자 진통을 겪었고, 시간이 지날수록 고통은 심해져만 갔다. 진통이 심해질수록 친정엄마가 더 생각났고, 게다가 비까지 쏟아지니 그 소리에 감성까지 폭발하여 눈물을 줄줄 흘리고 말았다.

혼자 아닌 혼자였던 나는 진통 내내 이불과 침대 난간을 붙잡고 이를 악물고서 엄마를 불렀다.

"엄마도 나를 이렇게 낳은 거야? 이렇게 힘들 게 낳은 거냐고?"

나는 밤새 울면서 혼자 진통을 이겨내었다. 새벽 5시쯤 자궁문이 4cm정도(10cm가 열려야 아기가 나온다.) 열리자 전화로 신랑을 불렀고, 신랑이 오고 나서도 진통은 여전했다. 아기가 곧 나올 거 같다더니, 그 후로도 아기가 나오는 데 시간이 걸린다며 의사는 짐볼 운동을 시켰다. 짐볼을 탈 때도 너무 아팠다. 우여곡절 끝에 아기를 낳기 위해 침대로 다시 올라 가려는데곧바로 아기가 나올 것 같은 고통이 찾아왔다. TV 사극을 보면 천장에서 내려온 하얀 천 끈을 산모가 잡아당기며 힘을 주는 장면이 있다. 나는 그것을 몸소 실천하는 상황을 맞이하게 되었고, 본의 아니게 무언가를 확 잡아당겨야 할 것 같아 잡은 것이 하필 앞에 있던 신랑의 멱살이었다. 다행히 신랑의 머리채는 살렸다. 그렇게 한 시간을 더 진통하고, 10시간이 넘는 사투 끝에 드디어 2.8kg의 아기를 낳았다.

너무나 천사 같은 여자아이였다.

"고생했어! 아가야, 엄마 아빠한테 와줘서 고마워."

나는 사랑스러운 아기를 조심스럽게 안아주었다. 신기하게도 아기는 우는 소리를 천천히 멈추며 안정을 찾았고, 첫 아이를 맞이한 행복은 뱃속에서 아이를 품으며 힘들었던 기억과 시간들을 조금은 잊게 해주었다. 첫아이의 탄생과 함께 나는 그렇게 엄마라는 의미를 생각하게 되었다.

'엄마가 된다는 것은 정말 쉬운 것이 아니구나, 정말 위대한 것이구나.'

하지만 이것은 아이를 키우면서 더 많이, 더 격하게 느끼게되는 감정들이었다. 매일 모유 수유를 하며 젖소가 된다는 기분을 알았고, 밤이고 낮이고 울어 제치는 아이를 달래느라 잠은 거의 포기한 채로 살았다. 거의 모든 엄마들이 그렇듯이 나 자신은 없어지고 오로지 아이의 생활패턴에만 맞춰 그렇게 하루하루를 정신없이 보냈다. 신랑이 많이 도와주기는 했지만 회사 일로 바쁜 사람이 모든 부분을 채워 줄 수는 없었기에, 육아는 거의 나의 몫이었다. 그러다보니 외로운 마음만

날로 늘어갔다. 그럴 때마다 떠오르는 건 엄마였다.

'엄마가 나와 동생을 키우실 때는 지금보다 더 안 좋은 상황들이 많았는데……. 나는 그나마 괜찮은 거야.'

아기도 이런 엄마 마음을 느꼈는지, 힘들어 울면서 하소연을 할 때면 신기하게도 울음을 멈추며 나를 빤히 쳐다보았다. 고사리 같은 손으로 내 얼굴을 쓰다듬어 주기도 했다. 아무것도 모를 것 같은 이 작은 아이가 다 아는 것처럼 내 마음을 어루만져 줄 때면, 아이가 함께 있는 것만으로도 두려움이 조금씩 사라지며 마음이 든든해졌다. 그래서 엄마들은 "너무 아파서 또 낳을 자신이 없어." "둘째는 없어." 하면서도 출산의 고통을 잊고 또다시 아이를 낳나 보다.

그렇게 육아에 조금씩 익숙해져 갈 때쯤 두 번째 아이가 찾아왔다. 첫아이의 돌이 지났고, 그래서 이상할 것도 없었지만 그래도 이렇게 갑자기 올 줄은 몰랐다. 신랑과 나는 서로가 "아닐 거야."를 연발하면서도 같은 날 동시에 임신테스트기를 사 왔다. 테스트기에 두 줄이 뜬 것을 보고서야 실감했다. 첫아이 때와는 분명 다른 감정이었다.

둘째 아이를 갖고 나서는 몸이 자주 지쳤다. 첫아이는 딸이었지만 웬만한 성인 남성도 능가하는 에너지를 가졌다. 그래도 육아는 온전히 나의 몫이었고, 그래서였는지 34주째에 조산기가 오게 되었다. 뱃속의 아기는 1.7kg, 나오면 무조건 인큐베이터에 들어가야 했다. 이 위급상황에서 병원과 집을 반복하며 거의 한 달을 누워 지내다 보니, 살도 급격히 찌고 혈압도 상승했다. 임신중독증의 위험까지 감당하며 39주에 돌입, 가까스로 2.6kg까지 키운 후 유도분만을 시도했다.

우여곡절 끝에 둘째 아이가 태어났다. 힘들게 세상 빛을 본 아기는 우렁차게 울어대며 내 품에 안겼다. 첫아이 때처럼, 그동안의 모든 고통을 뒤로하고 행복을 맛보는 시간이었다. 하지만 행복도 잠시, 두 시간쯤 후 아이는 내 품에서 벗어났다.

아기의 호흡수가 빠르다며 의료진이 분주했다. 그리고 아기는 대학병원 중환자실로 이송되었다. 마음이 찢어졌다. 하늘이 무너져 내리는 것 같았다. 그때의 두려움은 정말이지 겪어보지 않은 사람들은 모를 것이다. 나에게 시한부 선고를 했어도 그렇게 두려웠을까?

중환자실에서 마주한 내 아기는 너무도 작았다. 처음엔 내 아기가 아닌 줄 알고 지나쳤었다. 피부는 피지 껍질로 덮여서 거칠었는데, 그 작은 아기가 코와 몸에 기계를 덕지덕지 붙이고 숨을 헐떡이고 있었다. 의사들은 원인을 찾지 못한 채 최악의 상황만을 이야기해주었다. 나는 아기도 없는 조리원에서 가족들을 다 보내고 매일매일 울었다. 제발 살려달라고, 건강하게 퇴원하게 해달라고 매일매일 기도했다. 종교도 없는 내가 정말로 열심히 기도했다.

2.6kg 정상적 몸무게로 태어난 아기는 2.4kg가 되었고, 게다가 황

달까지 와서 황달 치료까지 해야 했다. 더 끔찍한 건 아기가 잠깐 동안 무호흡 상태까지 되었다는 것이다. 그래서 갓 태어난 아기에게 전신마취를 시키고 뇌 MRI 촬영을 진행했다. 정말로 힘든 시간이었다. 하지만 내 작고 소중한 생명은 그 모든 고통을 견뎌주었다. 아기가 견디니 우리도 견뎠다. 이를 악물고 견뎠다. 그렇게 둘째 아이는 우리 품으로 왔다. 그것만으로 감사했다. 우리 네 식구가 함께 있을 수 있다는 것, 정말 감사하지 않은가?

하지만 두 아이를 육아한다는 것은 쉬운 일이 아니다. 남편은 혼자 벌어야 했고, 나는 육아를 전담해야 했다. 아이들이 아플 때마다 정신적 고통과 피곤함, 또 마음의 외로움과 우울함이 날로 커졌다. 무기력과 우울함으로 나 자신을 내려놓는 일도 많아졌다. 엄마들은 첫째를 낳았을 때보다 둘째를 낳았을 때 더 힘들어하고 우울해한다. 고등학교 친구 하나는 나보다 먼저 이 과정을 겪었다. 너무 힘들다고 부엌에 앉아 펑펑 울었다는데, 나는 그때 첫아이 밖에 없어서 제대로 느끼지 못했다. 나름대로 공감도 해주고 위로도 해주었지만, 당시 친구가 그렇게 힘들었는지 몰랐다. 하지만 둘째 아이를 키우면서 친구의 감정을 온전히 이해하게 되었다. 직접 겪고 느끼는 감정과 그렇지 않은 감정은 정말 다르다. 이제는 정말로 그 친구와 감정을 공유할 수 있다.

아무튼 나는 점점 지쳐갔고, 힘을 내어 일어나려 할수록 나에게 주어진 환경들은 나를 짓밟았다. 가까운 사람들에게도 상처를 받았고, 출산 후 뚱뚱해져 버린 내 모습에도 자신감을 잃어버렸다. 그럴수록 우울함과 무기력은 점점 커져갔다. 가꾸고 싶지 않아서가 아니라 독박 육아 때문에 그렇게 된 것이라 생각하니 신랑에게 섭섭함도 느껴졌다. 신랑은 집안일과 육아를 도와주긴 하지만, 단점은 잔소리가 심한 것이다. 그 잔소리가 너무 반복되다보니 내 마음을 이해하지 못하는 신랑이 미워지기까지 했다. 신랑이 내 감정을 모두 공감하는 것은 바라지도 않는다. 나는 단지 관심과 위로를 받고 싶을 뿐이었다. 무엇보다 점점 부정적인 생각들에 사로잡혀 살아가는 내 모습이 싫었다.

이런 감정들이 쌓이고 쌓여갈 때 쯤 우리는 동탄 신도시로 이사를 하게 되었다. 비록 대출금은 늘었지만, '사랑으로'라는 이름을 가진 아파트에 들어가니 매우 좋았다. 조금은 넓어진 집에서 아이들과 신랑과 함께 새로운 마음가짐으로 행복해질 수 있을 것이다. 여기서 우리 가족의 사랑이 다시금 피어날 것이다. 아파트 이름도 '사랑으로' 아닌가?

하지만 이것은 나의 바람이었을 뿐, 현실은 꼭 그렇지 않았다. 무리해서 이사하는 가운데 돈에 대한 압박이 심해지니 신랑은 회사일과 재정적인 문제로 예민해졌다. 또 100만 원이나 들여 두꺼운 매트를 설치했음에도 불구하고 아파트의 부실로 인한 층간소음 문제는 우리를 다시 강박증에 시달리게 했다. 괜히 아이들을 몰아세우고, 감정을 다스리지 못해 다투는 일이 많아졌다. 그럴수록 아이들에 대한 죄책감도 마치 적립금처럼 가슴속에 쌓여만 갔다. 겉으로는 괜찮은 척 하루하루를 보냈지만, 마음은 전혀 괜찮지 않았다. 내가 글을 쓰기로 작정한 날도 이러한 불편함을 감추고 있던 날이었다.

　　그날도 모든 예민함과 스트레스를 마음에 숨긴 채 웃으며 밥을 먹고 있었다. 식사 중에 친정아빠의 전화를 받게 되었고, 아빠는 술을 한 잔 드셨는지 걸걸한 목소리였다. 아빠는 술을 드시고 전화하시면 기본이 30분에서 1시간이다. 그래도 그날은 식사 중이었기 때문에 '서운해도 어쩔 수 없어요' 하는 마음으로 8분 만에 종료하였지만, 신랑은 밥을 먹던 중임에도 전화를 빨리 끊지 못하는 내 모습에 화가 난 모양이었다. 아빠는 자주 술을 드시고 전화를 하신다. 그럴 때면, 항상 그런 건 아니지만 대부분은 부정적인 말을 쏟아 놓으신다. 나름은 훈계를 하시는 것이지만, 부정적인 말들로 하시는 게 문제다. 그러면 나는 항상 민감해진다. 화가 다 엄마에게 돌아갈 것 같기 때문이다. 그래서 전화를 단호히 끊을 수가 없다.

　　신랑도 상황을 이해하지 못하는 건 아니다. 나도 신랑의 마음을 안다. 하지만 내가 노력하고 있다는 걸 알아주었으면 좋겠고, 내 가족들의 관계를 좀 더 마음으로 이해해주길 바랐다. 이렇게 서로의 감정이 엇갈린 채 갈등하다가, 어느덧 내 감정이 폭발하고 말았다.

"제발 나도 좀 살자! 나도 살고 싶다고! 대체 얼마나 더 노력해야 하는데? 난 항상 죄인인 것만 같아~!"

그렇게 가슴에 쌓였던 나의 한이 눈물과 함께 터져 나왔다. 나는 제발 살려달라고 울부짖었다. 그리고는 가만히 넋 나간 사람처럼 앉아 있다가 샤워를 했다. 샤워를 하고는 집 밖으로 나갔다. 우선은 나가야 살 수 있을 것 같았다. 그리고 무조건 걸었다. 연락할 곳도 없었다. 육아를 하면서 사람들과의 연락도 거의 끊기다 보니 딱히 전화할 사람도 없었다. 동생이 가까이 살긴 했지만, 그렇다고 연락하기도 그랬다.

그렇게 걷고 걷다가 무작정 버스를 탔다. 하지만 버스는 5분 정도 후 종점이라며 나를 내려주었고, 나는 결국 집 근처를 벗어나지 못했다. 공원 의자에 앉았다. 지나가는 사람들을 구경했다. 주말이다 보니 늦은 저녁임에도 사람들이 많았다. 엄마 손을 잡고 걸어가는 딸의 모습, 아빠와 함께 킥보드를 타는 남자아이의 모습. 마침 그 남자아이가 내 앞에서 넘어졌다. 나는 아이를 일으켜주며 물었다. "괜찮니?"

순간 아이들이 너무 보고 싶어졌다. 집이 바로 지척인데 그리워지기까지 했다. 의자에 앉아 다시 생각했다. 나는 아이들에게 아직 줄 것이 많은 엄마라고, 슬픔은 주고 싶지 않은 엄마라고, 죽고 싶던 그 마음으로 한번 살아내 보자고, 나는 더 잘 살 수 있다고 말이다. 그렇게 한참을 생각하다가 자리를 툭툭 털고 일어났다.

'이런 답답한 마음을 글로 표현해보면 어떨까? 글을 쓰면 아무래도 좀 나아지겠지? 그래, 한번 해보자.'

그날 나도 모르게 글을 쓰고 싶다는 꿈이 생기게 되었다. 사람은 누구나 바닥을 봐야 성장할 수 있나 보다. 바닥을 봐야 저 위에 하늘도 볼 수 있지 않겠는가? 나는 이미 바닥을 보았고, 이제는 하늘도 보고 있다. 나는 성장했고, 또 성장하고 있다. 이제야 나는 엄마가 되었다.

02

책 쓰기는 나를
더욱 사랑하게 만드는
마법의 거울

∨

"인생이란 누구에게나 처음이기에, 세상은 전환점이라는 선물을 숨겨놨어. 그걸 기회로 만들면 후회 없는 인생을 살 수 있다네."

인생의 전환점에서 만난 필생의 가르침을 이야기한 책 『하워드의 선물』에서 만날 수 있는 말이다.

글을 쓰고자 마음을 먹은 것이 나에게는 인생의 전환점이라는 선물이었다. 그저 죽음이란 단어 앞에서 '살아보자' 하는 마음이 간절해서였을까? 책을 쓰고자 마음을 먹자마자 신기한 일들이 참 많이 일어났다. 물론 처음부터 좋은 변화가 시작된 것은 아니었다. 하루아침에 모든 상황들이 바뀐 것도 아니었다. 다만 변화를 위해 동기부여할 수 있는 일이 시작된 것이다.

요즘은 사회가 많이 변해, 아내의 마음과 육아를 이해하고 함께 하려는 아빠들이 많다고 한다. 하지만 아직은 그런 아빠들보다 그렇지 않은 아빠들이 더 많은 것 같다. 나의 신랑도 육아는 어느 정도 참여 하는 편이다. 첫째 아이 때는 눈에 넣어도 안 아파 보였는지 육아에 많이 동참했었다. 그러나 정작 손이 많이 필요한 둘째를 낳은 후에는 참 여도가 현저히 줄었다.

그날 이후로 나는 나 자신을 소중히 여겨야겠다는 생각을 하게 되었다. 나를 위한 일에 우선순위를 두고 나머지는 내려놓아 보기로 했다. 그동안 나는 어린아이 둘을 챙기고, 집안일을 하고, 신랑 교대근 무에 맞게 생활하고, 나 자신은 없이 그저 환경에 이끌리는 대로만 살 아가는 것에 지쳐 있었다. 그래서 그날 이후로 나는 신랑에게 선언을 했다. 아이들은 아직 어리기에 챙겨야겠지만, 나머지에 대해서는 잠시 내려놓고 당분간 나 자신으로만 살아보겠다고 말이다. 나는 그렇게 변 화의 시간을 맞이하게 되었다.

이렇게 '나 자신으로 살기'를 선언하자, 마치 운명처럼 휴대폰 문자 하나가 날아왔다.

'응? 책 쓰기 과정? 이게 뭐야?'

동생이 카톡으로 책 쓰기에 대한 강의 안내를 보내준 것이다. 내용을 보자마자, 나는 기회가 찾아온 것이라 생각하고 바로 신청하러 들어갔다. 그런데 수강료가 있었고, 강의하는 곳 또한 집에서 멀었다. 또 저녁시간이라 아이들을 맡기고 가야 하는 부담이 있었다. 나는 잠시 고민했지만, 주저하지 않고 수강료를 결제하였다. 이전 같으면 당연히 마음을 접었겠지만, 이번에는 달랐다.

"무조건 고! 고!"

간절함은 상황을 이기는 법이다. 가는 과정이 순조롭진 않았다. 하지만 버스를 2시간씩 타도 괜찮았다. 가는 시간이 3시간씩 걸려도 괜찮았다. 복잡한 도시를 헤매도 괜찮았다. 오히려 버스를 타고 가는 동안 그동안 보지 못했던 세상과 만나게 되었고, 오랜만에 설렘이란 감정을 느끼게 되었다. 뭔가 꿈이 생겼다는 것에 너무 행복함을 느꼈기 때문이다. 나의 간절함은 결국 책 쓰기라는 강의로 나를 인도해주었다.

'이상한 나라의 앨리스'와 이름이 비슷한 '신촌 앨리스 by 책 속의 한 줄'이라는 곳에서 나는 『하루 1시간 책 쓰기의 힘』의 저자 이혁백 작가를 만나게 되었고, '책인사(책 쓰기로 인생을 바꾸는 사람들)'에서 꿈을 키워가게 되었다. 그렇게 시작한 글쓰기는 책의 마법으로 나를 초대하였고, 나는 꿈을 이룰 수 있는 마법 선에 승선하여 나 자신을 돌아볼 수 있는 소중한 시간들을 만나게 되었다. 육아로 많이 지쳐 있고 우울감과 무기력에 빠져있던 내가 태어나서 처음으로 가진 제대로 된 꿈이었다.

다시 학창시절로 돌아가 공부를 하듯 노트와 샤프, 볼펜, 지우개 등 필기도구를 준비했다. 시간이 없다는 이유로 책을 읽지 못했던 내가 서점을 다니면서 책을 읽게 되었다. 집 근처에 알라딘 중고서점이 들어선 것을 보고는 인생의 오아시스를 만난 것처럼 행복해했다. 거리를 다니면서 간판이나 글귀들을 보니, 어느 것 하나 소중하게 보이지 않는 게 없었다. 오랜만에 모르는 사람들과도 웃으며 대화를 했다. 모든 상황들과 환경들이 나와 연결되어 있는 것이라 생각하니, 그동안 내가 살아온 인생들이 조금은 덜 힘들게 느껴지기도 했다.

'그래 내가 태어났을 땐 분명 이유가 있을 거야.'

어릴 때부터 힘들게 자라온 나는 인생에 힘이 들 때마다 이 말을 되뇌었다. 이 말은 나를 흔들리지 않게 붙들어주는, 혹은 나 자신에게 위로를 주는 말이었다.

나에게는 옛날부터 술독에 빠져 사시던 아빠가 있다. 나는 엄마와 가족들을 힘들게 하시는 아빠가 항상 미웠다. 아빠는 훈육이라는 이름으로 부정적인 말들을 하며 체벌을 하셨는데, 그 또한 너무 싫고 무서웠다. 아빠가 술을 드신 날이면 집은 항상 비상이었고 우리는 도망

다니기 일쑤였다. 아빠를 말릴 수 있는 사람은 아무도 없었다. 결혼 후 집에서 가져온 일기장에는 유년 시절에 썼던 부정적인 말들이 너무도 많이 있다. 비단 일기장만 그런 게 아니다. 내 안에는 부정적인 응어리들이 꽤 많다. 어릴 때부터 받아온 상처들, 지금껏 살아오면서 사람들에게 받은 상처들이 너무도 많기 때문이다.

그럼에도 내가 나쁜 길로 가지 않고 힘내면서 살 수 있었던 것은 항상 자신보다 자식들과 가족을 우선하셨던 엄마의 희생과 사랑 때문이었다. 엄마는 자식들과 남편을 위해 쉴 새 없이 일을 하셨다. 잠도 많이 주무시지 못하면서도 아침이면 학교 가는 시간에 맞춰 밥을 해놓으셨다. 손이 많이 가는 음식이라도 우리가 먹고 싶다 하면 언제나 만들어주셨다. 어려운 형편이었지만, 엄마는 한결같이 우리를 먹이시고 또 지키셨다.

생각해보면 아빠도 그리 나쁜 분은 아니었다. 술만 드시지 않으면 여느 여자보다도 마음이 여리신 분이었다. 아빠는 일용직 용접공이셨다. 그러다보니 출장도 잦았고, 옷은 항상 지저분했으며, 용접불이 튀어 여기저기 구멍이 숭숭 뚫려 있었다. 얼굴은 타고 눈도 빨갛게 충혈되어 있을 때가 많았고, 몸의 상처도 불씨로 인해 꽤 많았다. 글을 쓰며 과거를 돌이켜 보니, 아빠도 꽤 고단한 인생을 사셨던 것 같다.

한번은 공사장에 팬티를 팔러 온 사람이 있었는데 당시 돈으로 10

만 원, 아빠의 하루치 일당보다 많은 돈을 주고 사오셨다. 간곡한 부탁을 거절하지 못하셨던 것인데, 집에 와서 펼쳐보니 모두가 구멍이 숭숭 나 있는 불량품 팬티였다. 그렇게 아빠는 항상 좋은 마음으로 했던 일들을 나쁜 결과로 받았다. 게으름도 피우지 않고 열심히 일을 했지만 임금을 제대로 받지 못한 경우도 많았다. 그러다 보니 아빠는 가장으로서 많은 상처와 스트레스를 받으셨던 것 같다. 결국 아빠는 45세의 나이에 뇌출혈로 쓰러지셨다. 나는 한쪽 몸이 마비되고 한쪽 입에서 침이 질질 흘러나오던 아빠의 모습이 아직도 생생하게 기억난다.

성인이 되고 가정을 꾸리고 자식을 낳아보니 이제 조금 아버지를 이해할 것 같다. 아빠가 왜 그렇게 힘들어하셨는지, 왜 지금도 술과 담배로 인생을 보내시고 계신지 말이다. 책 쓰기를 시작하면서 그 마음을 조금 더 이해하게 되었다. 글로 표현을 하니 더 많은 것들이 이해가 간다. 그래서 한 번은 용기를 내어 아빠에게 말을 했다.

"아빠, 솔직히 조금은 밉기도 했지만 싫어한 건 아니었어요. 지금까지 지켜줘서 감사해요. 그동안 아빠 힘든 거 몰라줘서 미안해요. 그리고 사랑해요, 아빠."

조금은 늦었지만 위로와 감사의 말을 전해드렸다. 아빠도 미안하다고, 이제라도 알아줘서 고맙다고 하셨다.

가장이었던 아빠의 인생을 이해하고 들여다보면서 서로 간에 대화가 필요한 이유를 다시 한 번 깨닫게 되었다. 그래서 이번에는 신랑과 마음의 대화를 나눴다. 왠지 '오늘'이어야 할 것 같아서 미루지 않았다.

"말해줘서 고마워. 아마 오늘이 지났으면 나도 마음을 내려놓았을 거야."

다행이었다. '오늘'이 지났으면 우리 부부는 부정적인 상황으로 나아갔을 것이다. 대화를 통해 우리는 지키고자 하는 것(사랑스런 우리의 아이들)과 서로를 배려하는 마음이 똑같다는 것을 알게 되었고, 서로 사랑하고 있다는 것도 확인할 수 있었다. 다만 대화가 부족하다 보니 서로의 마음을 헤아리지 못했던 것이다. 그래서 갈등도 생겼고, 힘들고 지쳐만 갔던것이다. 물론 우리 부부의 관계 혹은 아빠와의 관계는 아직도 진행 중이다. 지금은 변화를 거치는 과정이기 때문에 매일매일이 항상 평화롭지만은 않다. 하지만 대화를 통해 분명 조금씩 희망을 보았고, 변화하고 있음을 느끼고 있다.

변화는 긍정적인 생각을 많이 할수록 더 많은 행복을 가져다준다. 나 역시 아이들을 좀 더 넓은 마음으로 안아줄 수 있게 되었고, 짜증 섞인 아이들의 울음소리에도 덜 반응하게 되었으며, 아이들과 함께하는 모든 시간들을 더 소중하게 여기게 되었다. 잠시 잃어버렸던 소중한 감정을 다시 찾은 느낌이다. 무엇보다 아이들을 통해, 즉 육아를 통해 세상을 읽을 수 있는 엄마가 되었다.

어릴 때 아빠가 항상 하시던 말씀이 있다.

"세상에는 공짜가 없단다."

그렇다. 정말 공짜가 없다. 내가 우울하고 힘들고 고단한 인생을 살면서 느낀 모든 것들이 이제는 이렇게 내 꿈의 소재가 되어주지 않는가? 그리고 내가 겪은 그 모든 상처들이 글을 쓰면 쓸수록, 글로써 드러내면 드러낼수록 치유되고 있지 않는가? 신기하다. 글을 쓰는 것은 정말 내 마음을 치유하는 과정이었다.

과거에는 '나만 참으면 돼. 시간이 지나면 다 괜찮아질 거야.' 하면서 나 자신을 억누르기만 했는데, 그것이 오히려 나에게 가장 많은 상처를 주었다. 따지고 보면, 그 모든 상처들은 타인이 아니라 나 자신이 만든 것이다. 그것도 알지 못하고 마치 나 혼자 상처받은 것처럼 행동하며 오히려 다른 누군가에게 상처를 주었다. 그러므로 우선 나 자신을 믿고, 제일 먼저 나를 위로하며 사랑해야 한다. 그러면 나는 그 어떤 변화에도 흔들리지 않을 것이고, 그 어떤 공격에도 상처받지 않을 것이다. 오히려 더 단단해질 것이다.

책 쓰기는 정말 나에게 주어진 선물이 맞다. 이 꿈을 통해 나는 무너져 내리다가도 힘을 내어 오뚝이처럼 다시 일어날 수 있게 되었다. 이 꿈은 나에게 인생을 가르쳐 주었으며, 나 자신을 다시 한 번 돌아보게 해 주었다. 무엇보다 스스로 성장할 수 있는 원동력을 제공해 주었으며, 그로 인해 힘차게 전진할 수 있게 해주었다. 책 쓰기는 참으로 나를 더욱 사랑하게 만드는 마법의 거울인 것이다.

사랑에 대한 표현은 하면 할수록 늘고, 글은 쓰면 쓸수록 자신의 상처를 치유한다. 자신을 드러내지 않고는 마음의 상처 또한 아물지 않는다. 그러므로 자신의 마음을 종이에 적어보라. 마음의 답답함이 조금은 해소될 것이다. 그리고 당신도 책 쓰기라는 마법 선에 올라타 보라. 거기에서 자신을 위로하고 사랑하는 방법을 배우기 바라며, 또 행복해지기를 바란다. 더 이상 상처받고 싶지 않은 사람들에게 말해주고 싶다. 당신은 사랑받기 위해 태어난 사람이라고 말이다. 책을 통해 그 사실을 알 수 있다. 책을 통해 얻을 수 있는 세상은 상상 그 이상이다.

내 인생의 모든 선택은 내가 하는 것이다. 그래야 모든 일에 있어 후회가 적다. 나는 사람들이 후회가 적은 인생을 살았으면 한다.

03

괜찮아,
괜찮아,
내가 있잖아

∨

다시 태어나고 싶어 나

모든 걸 되돌릴 수만 있다면 좋겠어.

내 꿈을 찾아 떠나고 싶어도

이젠 늦은 걸까 아냐.

내 의지로 날 바꿀 수 있어.

힘들어도 이겨낼 수가 있어.

난 기도할게 내가 무너질 때마다.

– 클릭비 2집 타이틀곡 "환영문" 中

누구에게나 힘을 내도록 도와주는 자신만의 매개체가 있을 것이다. 특히 엄마들은 육아를 하다 보면 지칠 때가 많은데, 그럴 때마다 자신의 매개체를 찾아가 힘을 얻는다면 도움이 될 것이다. 나에게 그러한 매개체는 가수 '클릭비'이다.

나에게 클릭비는 그냥 일반 가수가 아니다. 클릭비는 내 인생에서 절대 빼놓을 수 없는 그룹이다. 나의 유년시절부터 성장기 내내 함께했던 사람들이며, 내가 힘내서 살아갈 수 있게 해주었던 원동력이다. 나는 7명의 꽃미남 록 밴드 그룹 클릭비를 중학교 2학년 때부터 좋아했었다. 지금 아이돌을 보며 열광하는 청소년들처럼, 나 역시 가수를 보러 다니면서 열광하던 시절이 있었다.

내가 아이돌이라는 그룹에 관심을 갖게 된 것은 초등학교 5학년 때쯤 H.O.T.에 거의 모든 이들이 열광하던 시절이었다. H.O.T.는 그 시절 그야말로 신과 같은 존재였다. 하지만 난 대중매체에 접할 기회가 적어서 그런지, 가수들에 관심이 많지 않았다. 우리 아빠는 소위 말하는 '딴따라'를 매우 싫어하셨던 분이다. 아마도 자신의 딸이 소중한 유년시절을 무의미하게 보내는 것이 싫으셨을 것이다. 하지만 대중심리라는 것도 있듯이, 당시 우리 또래들은 H.O.T. 멤버 5명 중 하나라도 좋아하지 않으면 대화에 참여할 수가 없었다. 그래서 나도 관심을 갖게 되었는데, 들어보니 H.O.T.는 데뷔할 때부터 좋은 노래가 정말 많았다.

나 역시 그들을 좋아하지 않을 수 없었다.

그 뒤에 6개의 수정, 젝스키스(젝키)가 등장했다. '기사도'를 부를 때 장수원 오빠가 눈에 들어왔다. 그때부터 나는 연예계에 눈을 뜨기 시작했다. 내가 상처받지 않고 좋아할 수 있는 대상, 아마도 나는 그 시절 최고의 아이돌 그룹이었던 H.O.T.와 젝스키스를 통해 그 대상을 찾았던 것 같다.

그리고 시간이 흘러 중학교 2학년에 이르러서는 클릭비를 좋아하게 되었다. 같은 반 친구 한 명이 연예잡지(가수 전용 잡지)를 보여주면서 클릭비의 오종혁 오빠를 좋아한다며 말을 걸어온 적이 있었는데, 그때 나는 김상혁 오빠가 좋다고 대답했다. 우리는 클릭비를 소재로 대화하게 되었고, 그때부터 클릭비는 나의 운명이자 소중한 일부분이 되어 버렸다. 그 친구는 클릭비를 직접 보러 가지 않겠냐고 나에게 물었고, 나는 망설임 없이 그 제안에 응했다.

1999년 10월 초, 클릭비가 데뷔한 지 2개월쯤 되었을 때다. 아침부터 기다리다가 저녁 5시쯤, 사무실에서 무대의상을 입고 나오는 멤버들을 보았다. 순간 내 눈에 비친 것은 사람이 아니라 빛이었다. 너무도 아름답고 환한 빛. 그때부터 나는 누군가를 보고 싶다는 게 어떤 마음인지 알게 되었다. 5분도 안 되는 짧은 시간이었지만, 그때의 그 설렘과 떨림은 아직도 잊을 수가 없다. 나는 클릭비라는 가수를 통해 첫사랑과 같은 감정을 느끼게 된 것이다. 지금도 그들의 노래를 듣거나 생각을 하면, 함께했던 추억들이 떠오르면서 두근거림과 설렘을 느낀다.

나는 클릭비를 보러 갈 때마다 항상 김상혁 오빠에게 손 편지를 써서 갔다. 아무에게도 쉽사리 털어놓지 못했던 마음을 편지글로 전했던 것이다. 오빠는 나라는 아이를 기억해주었고, 내 편지를 받으면 항상 읽어주었다. 내 편지를 읽는다는 것을 알자 더 열심히 마음을 전달했다. 아마 당시 내가 겪고 있었던 고통과 슬픔을 가장 많이 알던 사람이지 않을까 싶다. 나는 내 마음에 담긴 슬픔을 엄마에게도 말하지 못했었다. 행여 엄마를 슬프고 힘들게 하진 않을까 하는 걱정 때문이었다. 그래서 읽어주지 않아도 좋다는 마음으로 편지를 썼다. 혹시라도 읽어주면 좋겠다는 희망을 갖고 말이다. 그런 생각만으로도 나는 충분히 행복했다. 그런데 오빠는 읽고 있었다! 언젠가 내가 아파서 공연을 보러 가지 못했을 때, 친구가 나의 이름을 외쳐주자 "효빈이 아프다며?" 하고 화답해 준 것이다. 참으로 클릭비와 함께 보낸 소녀 시절의 감정들과 추억들은 돈을 주고도 살 수 없는 것들이다.

가끔 보면 부모님들과 함께 공연을 보러 오거나, 엄마와 함께 클릭비를 보러 다니는 팬들도 여럿 있었다. 그때 나는 생각했다. 만약 내가 아이를 낳으면, 아이가 커서 좋아하는 가수나 연예인을 보러가겠다 할때 주저하지 않고 보내주겠다고 말이다. 절대로 아빠처럼 반대하거나 혼내지는 않겠다고 말이다. 나는 아이의 안전과 새로운 경험을 지지할 수 있는 부모가 되어 함께하겠다고 다짐했다. 나에게 그러한 경험이 없었다면, 혹은 내가 좋아하는 가수가 나에게 상처를 주었다면 나는 이런 생각을 하지 못했을 것이다. 그렇기에 나는 항상 클릭비 멤버 모두에게 감사한다. 그들의 노래로 힘을 내며 살아갈 수 있었던 나 같은 사람이 있기에 오늘날도 대중가수들이 사랑받고 있는 것이 아닐까?

　　요즘같이 마음이 심란한 때면 더욱더 옛 추억들과 노래들이 그리워진다. 향수처럼 내 마음을 홀린다. 누구나 자신에게 활력소를 주는 존재, 받는 것이 없이도 주는 것만으로 그냥 좋은 그런 값진 존재가 있을 것이다. 소녀 시절 나에게 클릭비가 그런 존재였다면, 지금은 내 아이들이 그렇다. 아이들은 있어주는 것만으로도 값진 존재들인데, 그 아이들이 나에게 참으로 많은 것들을 준다.

　　"엄마 힘내~" "엄마는 할 수 있어" "엄마가 최고야!"

　　네 살 딸아이 입에서 나온 말들이다. 딸의 이런 응원이 없었다면 과연 내가 힘을 낼 수 있었을까? 글쓰기라는 꿈을 꾸며 글을 쓸 수 있었을까? 매일 힘들다고 느끼던 그 마음들이 아이의 진심 어린 말 한마디에 사르르 녹아버린다. 그리고 내 마음은 '나도 할 수 있을까?'에서 '나는 할 수 있다!'로 바뀌어 버린다. 결국 난 아이의 힘으로 워킹 맘 선언을 해버렸다. '엄마 작가' 말이다.

사실 아이들이 어릴수록 엄마들이 할 수 있는 일은 제한적이다. 아마도 보험이나 화장품 판매 정도가 가장 많이 시도해보는 일일 것이다. 말이 나왔으니, 자신의 새로운 일로써 성공한 사람 하나를 소개해볼까 한다. 그녀도 워킹맘이다.

나는 과거 대기업 S전자 반도체에서 10년간 일했다. 청정을 최우선으로 여기는 곳이기에 그곳에선 화장품을 잘 바르지 않는다. 쉬는 날이 아니면 바를 일도 없었다. 그래서 기본적인 화장품 외에는 잘 몰랐던 내가 〈친절한 금자씨〉 덕분에 화장품에 대해 좀 알게 되었다. 동명의 영화 제목처럼 그녀의 이름은 금자였고 또 친절했다. 하지만 영화 속 금자 씨와는 반대로 이 금자 씨는 정말 친절하여 꼭 친정 엄마 같았다. 해탈한 사람이라고 해도 믿을 정도로 마음이 따뜻하고, 사람의 마음을 잘 어루만져주는 사람이었다. 능력은 또 어쩌나 많은지, 37살이라는 젊은 나이에 초등학교 방과후교사에서 바이오 회사의 화장품센터 지사장이자 CEO로 성장했다. 그것도 딸을 셋이나 두고 있으면서 말이다.

물론 이러한 위치에 올라서기까지 그녀도 많은 고뇌와 힘든 시간을 보냈을 것이다. 지금도 노력에 노력을 더하고 있는 줄 안다. 엄마로 살아가는 일이 그리 쉬운 일이 아니라는 것은 아이를 키워본 엄마라면 누구나 공감할 것이다. 그녀 역시 20대라는 어린 나이부터 아이를 낳아 지금까지 세 명의 아이를 키우면서 얼마나 외로운 시간들을 혼자 보냈을까? 얼마나 많은 시간들을 눈물로 보내면서 성장의 시간을 가졌을까? 사람들은 과정은 보지 않고 결과만 보기에, 그녀가 이룬 성공만을 본다. 하지만 내 눈에는 그녀가 가졌을 엄마라는 고녀가 더 먼저 보였다.

MBC 휴먼 다큐 〈사람이 좋다〉 250회에는 '백전무패를 꿈꾸는 서른다섯, 김상혁!' 편이 방송되었다. 나의 소녀 시절을 함께했던 클릭비의 그 김상혁이다. 2005년 스물셋의 나이에 음주운전 관련 기자회견에서 말 한마디 잘못 던짐으로써 너무나 긴 시간을 대중에게 외면받았던 그, 그런 그가 가족의 힘으로 12년을 버텨냈다. 그 과정 속에서 나타난 반성과 깨달음, 그에게 그 12년은 인간 김상혁을 좀 더 깊은 마음을 가진 사람으로 성장시켜주었다.

사람 김상혁에게는 훌륭한 어머니가 계시다. 그분은 아들의 팬들을 친자식처럼 걱정해주시고 포용해주시는 마음 따뜻한 분이시다. 그의 어머니와 통화를 했을 때였다. 본인의 사업 실패로 힘든 시기를 겪은 뒤였는데, 어머니는 오히려 나를 더 걱정해 주셨다.

김상혁은 말했다. "가족은 내 삶의 모터!"라고.

나 또한 가족으로 인해 힘들 때도 많았지만, 장녀로서 무게감도 있었지만, 그래도 가족은 내 삶의 모터였다. 가족을 지키며 힘을 내어 살아갈 수 있었기 때문이다. 아니, 오히려 가족들이 나를 지켜주고 있었다고 해야 맞겠다.

나는 타인과는 조금 다른 어린 시절을 보냈다. 그래서 그런지 지금까지도 그리 녹록한 인생을 살고 있지는 않다. 하지만 충분히 변화하고 있고, 나는 더 많이 행복해질 것이다. 나는 나를 사랑하는 방법을 알지 못했고, 그 공허함을 관심과 사랑으로 채워지길 원하며 그렇게 목마른 사슴처럼 헤매면서 살아왔다. 이제는 나의 사람들이 나에게 전해주었던 그 마음을 조금이나마 다른 사람들에게 전하고 싶다. '사랑'이라는 이름으로 말이다.

방송 중에 김상혁은 아버지가 살아계셨다면 이런 말을 듣고 싶다고 했다.

"괜찮냐고."

"괜찮니?"라는 말은 아마도 많은 사람들이 듣고 싶어 하는 말일 것이다.

"괜찮아. 괜찮아, 내가 있잖아."

소중한 사람들에게 이렇게 말해보라. 뜬금없이 꺼내는 말이어도 좋다. 듣는 사람의 현재 감정과 환경이 괜찮지 않아도 좋다. 그래도 이런 말을 듣는다면 조금은 괜찮아지지 않을까?

지금 우리는 너무나 많은 상처 속에 살아가고 있다. 위로와 사랑을 전하기에도 모자란 시간이다. 그리고 사람은 누구나 실수하며 살아간다. 그 실수에 대해 이해와 사랑으로 포용해 주면 안 될까?

내 아이들이 앞으로 더 많은 시간을 보내며 살아가야 할 세상이기에, 나는 엄마로서 이 세상을 배려와 사랑이 가득 찬 세상으로 만들어 주고 싶다. 나는 내가 얼마나 소중한 사람인지 몰랐다. 하지만 나를 지켜주고 또 내가 지켜내야 할 소중한 존재들이 항상 나와 함께했고, 지금도 함께하고 있다. 그들로 인해 나는 마음을 읽을 줄 아는 사람이 되었고, 이제는 진짜 행복만 읽는 사람이 되었다. 이제는 나와 같았던 사람들에게 나눠주고 싶다. 우울하고 무기력한 엄마들에게 위로와 더불어 당당한 꿈을 나눠주고 싶다.

나의 새로운 직업은 사람들과 소통할 수 있는 최적의 일이다. 그래서 그들과 나누는 것이 가능하다. 아직은 배워야 할 일도 많고 넘어야 할 산도 많지만, 나의 새로운 꿈과 길에서 더 많은 두려움을 만날 수도 있지만, 그래도 스스로에게 위로와 사랑의 주문을 외워 본다.

"괜찮아, 괜찮아, 내가 있잖아."

세상 모든 이가 행복한 마음으로 살아가길 바라고, 이 세상이 엄

마와 아이들의 웃음소리로 가득하기를 바란다. 나는 이렇게 행복만 읽

는 엄마 작가로 살아갈 것이다. 행복을 읽는 엄마 작가.

PART9

책을 만날 때,
비로소
온전한 내가 되다

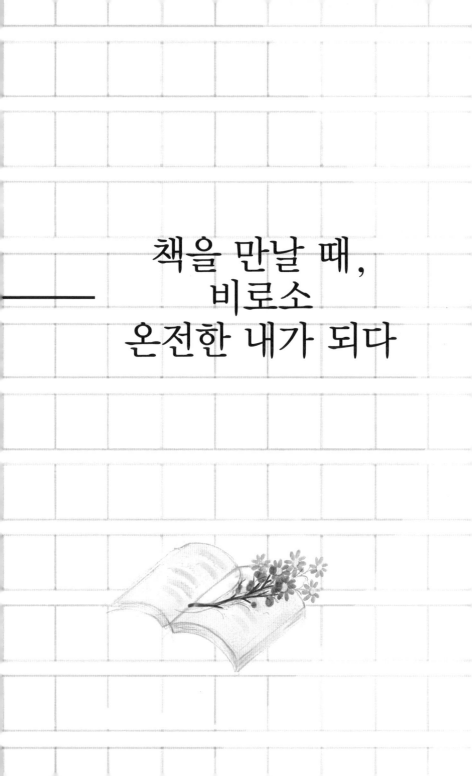

PART 09

작가 석정민

디자이너, 작가, 독서 동기부여가

어릴 때부터 그림을 그렸다. 우여곡절이 많았지만 미대를 갔고, 꿈 없이 졸업을 했다. 부모님의 의견대로 취업을 했고, 학교와 전혀 다른 새로운 공간을 마주했다. 회사에 입사하여 디자인팀에 배정되었으나, 꿈없이 들어간 직장은 저자에겐 적응이 되지 않아 괴롭기만 했다. 일과 사람 때문에 많이 힘들었고, 심지어 스트레스로 인해 몸무게도 줄었다. 이후 내 자신을 돌아보며 잠깐의 휴식기간을 가지는 동안 책을 통해 서서히 자신의 꿈이 무엇인지 발견하게 되었다.

현재 저자는 LG하우시스 한국영업.마케팅.BrandCommunica팀에서 회사제품 패키지디자인과 PPL(제품자재를 드라마 방송 협찬) 일을 하고 있다. 회사에 입사한지 3년이라는 시간이 흘렀고, 역시나 반복되는 일상에 지쳐 뭔가 새로운 것을 찾다가 우연히 '책인사'를 통해 책 쓰기를 시작하게 된다. 독서를 하며 나만의 책을 가져보자는 꿈을 꾸고 있던 그녀는, '지금 아니면 언제 해보겠어' 라는 생각 끝에 책을 써보기로 결심한다.

처음에는 솔직히 '과연 내가 책을 쓸 수 있을까?' 라는 걱정이 앞섰지만, 책 쓰기를 통해 자신만의 행복한 미래를 꿈꾸게 되었다는 저자는, 이제는 누구나 책 쓰기에 도전해봐야 한다고 말하는 진정한 꿈 메신저다.

---

* E-MAIL : jungmin0817@naver.com

과거에 연연하지 말자.
다가 올 미래에 대해서도 걱정하지 말자.
현재에 치중하자.

_ 석정민

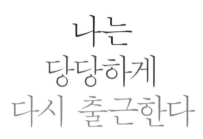

01

나는
당당하게
다시 출근한다

∨

현재 나는 누구나 부러워하는 대기업 L그룹에 다니고 있다. 벌써 사원 4년 차, 내년이면 선임(대리)에 진급할 것이다.

나는 우리 회사, 현재 속해 있는 팀에 만족한다. 이전 팀은 디자인 팀이었는데, 그 팀은 여러모로 불편했다. 전시장의 실내 인테리어를 담당하는 업무가 나와는 맞지 않았고, 무엇보다 여성 상사들과의 직급 차이로 인한 의사소통 때문에 육체적, 정신적으로 힘들었다.

지금은 마케팅팀에서 7개월째 일하고 있다. 이 팀은 이전의 디자인팀과 마케팅팀이 합쳐진 팀인데, 마케팅 분야에서는 큰 팀에 속한다. 다행히 팀 안에 1년 후배가 있어 막내 신세는 면했다. 아, 나이로는 내가 막내지만.

마케팅팀에서 내가 하는 일은 여성 선임의 PPL(지상파, 케이블 드라마에 인테리어 벽지, 바닥재 자재 협찬)을 돕고, 회사 제품이 들어가는 모바일용 카탈로그를 제작하는 것이다. 또한 인테리어 리서치를 하면서 회사 전시장에 도움이 될 만한 전시회를 조사하고, 우리 팀에 도움이 될 만한 경쟁사의 전시장 및 전시회 등을 조사·공유하는 일도 한다. 마케팅팀이긴 해도 내 업무에는 디자인이 포함되어 있다. 벽지, 바닥재, 창호 등 제품에 들어가는 라벨과 박스 패키지를 제작해야 하기 때문이다. 다른 부서에서 제품 디자인 업무 요청을 하면 나는 해당 내용을 요약·정리하여 디자인 업체에 전달하고 작업을 요청한다. 그리고 디자인 업체에서 작업물을 보내오면 내가 디자인 컨펌 및 사후관리를 한다. 하지만 올해 3월까지는 내가 직접 디자인 작업을 해야 했고, 요청하는 양에 비해 손이 느리다 보니 작업시간이 많이 걸렸다. 그래서 난 항상 야근을 했다.

그런 점에서 현재의 팀은 상당히 만족스럽다. 내가 하고 싶은 일을 하며 윗사람들과의 관계나 업무에서도 부딪히는 일이 없기 때문이다. 팀원들 각자 담당하는 일이 전혀 다르고 겹치지 않다보니, 좀 더 편한 것 같다. 현재는 스트레스도 덜 받고, 불안에 떨지도 않는다. 그러다 보니 속도 편해지고, 예전의 나보다 좀 더 밝아졌다는 소리를 많이 든다.

이전 팀에서는 상상도 하기 싫을 만큼 항상 우울하고, 엄청난 육체적, 정신적 스트레스를 겪었다. 내 삶 자체가 망가질 정도였다. 팀이 디자인과 실내 인테리어 업무를 하다 보니 여성들이 많았는데, 그들 모두가 전문가들이었고 직급도 차이가 났다. 그러다 보니 그들의 말이나 표정, 행동 등이 1년도 채 되지 않은 신입사원인 나에겐 두려움과 큰 스트레스가 되었다. 전공과 전혀 맞지 않고 한 번도 해보지 않은 인테리어 디자인을 하려고 하니 너무 힘들었다. 틈만 나면 화장실에서 울었다. 안 그래도 마른 체형인데, 거기에서 5kg가 빠졌으니 최악이었다.

그러다가 작년 이맘때쯤, 원래 위가 약하긴 했지만 정신적인 스트레스까지 받아 계속 체하다 보니 항상 굶거나 죽으로 식사를 했다. 내과와 한의원을 정기적으로 다니며 약도 먹고 식사도 밥 위주로 했으나, 조금 나아지는 듯하더니, 다시금 나빠졌다. 나아지다 나빠지는 것을 반복하다 보니 고통만 심해졌고, 급기야는 도저히 이 일을 하지 못하겠다고 생각하여 퇴사를 결심하게 되었다.

나는 디자인 팀장님께 면담을 신청하였고, 어렵사리 '퇴사'라는 단어를 입 밖에 꺼냈다. 하지만 팀장님께서는 조금만 더 생각해보자는 말씀과 함께 걱정 섞인 조언을 해 주셨다. 그 이후로 회사 상담실도 찾아가며 어떻게든 생각을 돌려보려 했지만, 쉽사리 되지 않았다. 오히려 회사를 나가고 싶은 마음만 더 간절해졌다. 퇴사 이후의 계획은 아무것도 없었지만, 무조건 나가고 싶었다. 너무나 간절했다. 마음이 그런 상태니 출근 자체가 편할 리 없었다. 회사에 와도 업무가 손에 잡히지 않았다. 한 달 뒤, 나는 팀장님께 또 다시 면담을 신청했다. 팀장님은 지난번과 마찬가지로 한 번만 더 생각해보자 하셨다. 나간다면 무엇을 할 것인지 물어보셨지만, 준비된 것은 역시 아무것도 없었다.

그러던 어느 날, 여느 때와 같이 회사에 출근을 했는데 내가 업무를 도와드리는 차장님이 부르셨다. 나를 끌고 회사 지하 맥도날드로 가시더니, 나에 대한 걱정과 답답함을 토로하셨다. 차장님과의 대화를 잘 마무리하고 올라와 업무를 하는데, 그때부터 뭔가 이상해졌다. 머리가 멍하고 느낌이 이상해서 화장실에 갔는데, 아무것도 생각이 나지 않는 것이다.

'뭐야? 내가 왜 여기에 있지? 어떻게 온 거지?'

별일 아니겠거니 하고 제자리로 돌아갔지만, 이상하게 그런 상태가 계속 되었다. 팀장님이 뭔가 눈치를 채셨는지 갑작스레 나를 데리고 외근을 나가시더니, 그대로 집에 보내주셨다. 그 다음날은 출근을 했는지조차 기억이 나지 않는다. 지하철을 타고 가는데 멍한 상태가 지속

되어 내려야 할 역을 지나치고 종점까지 간 것만 기억난다.

이런 일이 몇 번 반복되자 팀장님은 나에게 휴가를 내라 하셨고, 덕분에 3일 동안 쉬었다. 하지만 그 후로도 상태는 나아지지 않았으며, 결국 나는 다시 한 번 팀장님께 면담을 요청했다.

"음……, 그러지 말고 휴직을 신청해보자. 일단 병가로 한 달만 내는 거야. 그리고 더 필요하면 한두 달 연장해봐."

팀장님의 배려로 난 작년 10월부터 올해 1월 초까지 3개월간 병가를 내고 쉬었다. 그리고 그 3개월 동안 못 했던 것들을 마음껏 해봤다.

처음 한 달은 집안에서만 몸을 회복하는 데 전념했고, 정 답답할 때면 집 근처만 돌아다녔다. 그러다 서서히 몸이 회복되는 것 같아 미술 전시회도 가고, 운동도 하며, 맛있는 것도 먹으러 다녔다. 한 달이 끝나가자, 1개월 단위로 두 달 더 연장하고, 마음껏 놀러 다녔다. 행복했다. 다행히 몸은 많이 좋아졌고, 12월에는 혼자 패키지 여행으로 대만도 다녀왔다. 그리고 올해 1월 9일, 난 회사에 복귀했다.

그 사이 팀은 마케팅팀과 통합됐고, 나는 이전에 했던 인테리어 디자인을 하지 않아도 됐다. 현재의 팀장님도 내가 원하는 업무를 하도록 배려해 주셨다. 며칠간 적응 기간을 가진 후, 나는 팀장님과의 면담을 통해 현재의 업무를 배정받게 되었다. 물론 내가 하고 싶은 일이었다.

그렇게 복직하여 일한 지 6~7개월이 됐다. 휴직 기간이 먼 과거의 일처럼 느껴질 정도로 시간은 빠르게 흘러갔다. 아직도 신경을 쓰거나 불편한 자리에 가면 약간의 스트레스를 받아 소화가 잘 되지 않지만, 예전만큼은 아니다. 나는 무엇이든 긍정적으로 생각하려고 노력하고 있다. 가끔 스트레스를 받거나 할 때는 방송댄스를 한다. 춤처럼 스트레스를 날려버리기 좋은 것도 없는 것 같다. 운동도 거의 6개월이나 했다. 운동이 이리 재미있는지 예전에는 몰랐다. 언제까지 할지는 모르겠지만, 아무튼 아직은 그만둘 생각이 없다.

한 번은 운동 말고 또 할 게 뭐 없을까 생각하다가, 같은 팀 대리님이 추천해준 '집밥'이라는 소셜네트워크에 들어가 보았다. 거기에는 요리뿐 아니라 운동이나 악기 등을 주제로 하는 여러 커뮤니티가 있었다. 그곳에서 매우 특이한 커뮤니티를 보았는데, 그것은 바로 '책 쓰기'라는 모임이었다. 전부터 언젠가 기회가 되면 책을 한번 써보고 싶다고 생각했기에, 이 모임을 본 순간 마음이 움직이게 되었다. 마침 모임 시간도 맞아 강의를 들으러 갔다. 강의를 듣다 보니 책을 써야겠다는 생각이 더욱 강렬해졌다. 결국 강의가 끝난 후 현장에서 바로 책 쓰기 과정을 신청했다.

'그래, 잘 한 거야. 잘 결정한 거야! 나도 책을 쓸 수 있어!'

집으로 돌아가는 길에 몇 번이고 되뇌었다. 잘 해낼 수 있을지 걱

정되지 않는 바는 아니었지만, 이왕 시간과 조건이 받쳐줄 때 하는 것
이 옳았다. 나는 고통과 어려움을 이겨내고 당당히 출근했다. 그러므
로 책도 멋지게 쓸 것이다.

　이것이 바로 내가 책을 쓰기로 마음먹은 날의 결심이었다.

02

미운 우리 새끼를
예쁜 우리 새끼로
만들어 준 책

∨

내가 책에 관심을 갖기 시작했을 때는 작년 4월 말이었다. 회사 생활과 어려운 업무로 신심이 지쳐 있었고, 마음의 치유도 필요한 순간이었다.

'그래, 마음의 안정을 찾고 머리도 비울 수 있는 책을 찾아보자.'

휴대폰을 열고 인터넷으로 '상처, 치유, 마음 안정' 등의 키워드를 검색했다. 그때 눈에 들어온 책이 법륜 혜민 스님의 책이었다. 나는 곧바로 서점으로 달려가서 혜민 스님의 책을 집어 들었다. 그리고 간 김에 다른 책들도 구경하며 몇 권의 책을 더 샀다. 왠지 신세계에 온 것 같았다. 너무나도 다양한 책들이 눈에 들어오고, 사고 싶은 책도 많아

272.

졌다.

　나는 책을 읽을 때 눈으로만 보지 않는다. 무조건 연필을 들고 줄을 치며 읽는데, 그래야 내용이 눈과 머리에 잘 들어오기 때문이다. 또 중요하거나 좋은 구절이 있을 때 밑줄을 그어 놓으면, 다시 읽을 때 '이런 내용이었지' 하고 쉽게 파악할 수 있다. 그래서 내가 읽은 책에는 항상 빼곡히 줄이 그어져 있다. 난 그게 좋다. 그게 나만의 책 읽는 방법이니까.

　어쨌든 난 혜민 스님의 책을 집어 들었다. 책 제목은 『완벽하지 않은 것들에 대한 사랑』이다. 당시 책에 나오는 모든 내용들이 가슴에 와 닿았고, 공감이 가면서 뭔가 치유되는 듯한 느낌이 들었다. 읽으면 읽을수록 마음이 편해졌다. 회사에서 스트레스를 받을 때면, 집에 오자마자 혜민 스님의 책을 꺼내 들고 몸과 마음을 치유했다. 그분의 책은 직접적으로 나에게 해 주는 말 같아 더욱 감동을 받게 된다.

　내가 책을 선택하는 방법은 이렇다. 우선 베스트셀러나 관심이 가는 코너에 가서 책 매대를 훑어본 후 제목이 들어오는 것들을 집는다. 그 자리에서 책을 펼쳐 목차를 확인하고, 궁금증이 생기는 장으로 가 내용을 조금 읽어본다. 그러다가 '이건 나에게 도움이 되겠다. 괜찮다.' 하고 생각이 들면 곧바로 계산대로 간다. 그렇게 한 권을 살 때도 있고, 여러 권을 살 때도 있다.

혜민 스님의 책 다음으로 그렇게 해서 산 책이 일본 소설 『스물아홉 생일, 1년 후 죽기로 결심했다』(하야마 아마리)와 『완공(완벽한 공부법)』(고영성, 신영준)이었다. 『완공』은 내용이 조금 어려워서 다 읽지 못했지만, 『스물아홉, 생일 1년 후…』는 단숨에 읽어버렸다. 내용이 쉽기도 했지만, 당시 내 상황에 너무 절실하게 와닿았기 때문이다. 내용이 아직도 기억나는데, 간략하게 소개하면 다음과 같다.

29살인 주인공이 파견사원, 실연, 아버지의 병, 못생기고 뚱뚱한 외톨이라는 너무도 절망적인 상황에 처하게 된다. 이에 그녀는 스스로에게 시한부를 선고하여, 29살 생일로부터 딱 1년 후에 죽겠다고 결심한다. 때마침 TV에 나오는 화려한 도시 라스베이거스를 보았기 때문이다. 그녀는 죽기 전에 라스베이거스에 다녀와야겠다고 생각한다. 그래서 1년간 파견사원과 호스티스, 누드모델을 병행하며 죽을힘을 다해 돈을 번다. 그러나 1년 후, 라스베이거스 카지노에서 인생 최대의 모험을 한 결과 새로운 선택을 하게 되고, 멋진 미래를 손에 넣는다. '행복의 형태는 사람마다 제각각이지만, 그것은 분명 마음먹기 나름이다.' 라스베이거스를 다녀온 이후로 이런 생각을 하게 되었다는 그녀는, 지금 자신이 앞으로 점점 나아가고 있다는 사실을 충분히 실감하고 있다. 그녀의 호기심과 도전 정신은 여전히 멈출 줄 모른다. 라스베이거스를 목표로 죽을힘을 다해 살았던 저 1년과 마찬가지로.

　이 책의 내용은 실제의 이야기이다. 나는 이 책을 읽고 매우 공감했다. 나는 시한부까지의 생각은 하지 않았지만, 절망적인 상황에서 포기하고 싶었던 내 모습과 주인공의 상황이 너무나도 닮았다. 그래서 나도 죽을힘까지는 아니더라도 뭐라도 해보자고 생각했고, 그 후부터 하고 싶은 것들을 하나씩 하기 시작했다. 그것이 바로 내가 방송댄스를 하게 된 계기였다.

　처음에는 그저 스트레스 풀 거리를 찾았다. 마침 춤추는 것에 대해 이전부터 관심이 많았기에 댄스를 배우기 시작했다. 그런데 한 6개월 다니다보니 운동효과도 생겨나, 지금까지 꾸준히 하게 되었다. 댄스가 건강과 스트레스 해소의 일석이조가 된 셈이다.

　방송댄스 외에 업무적으로 부족한 디자인 관련 강의도 찾아서 들으며 부족한 부분을 해결하려고 노력한다. 요즘엔 조금이나마 알게 되어, 디자인 샘플 책도 만지작거린다. 그리고 전공이 순수미술이다 보니, 학교 다닐 땐 전혀 관심이 없었던 전시회도 한두 개씩 다닌다. 그러다 보니 자연히 관심도 생겨 주말마다, 혹은 시간이 날 때마다 모든 종류의 전시회를 찾아다니게 되었다.

　전시회에 가면 항상 휴대폰 카메라로 작품 사진을 찍는다. 그러다

보니 자연스럽게 카메라에 관심이 생겼고, 집에 묵혀두었던 카메라를 꺼내 하나씩 작동시키며 사진을 찍기 시작했다. 사진 자료가 쌓이다 보니 추억도 생겼지만 쓸 만한 자료도 생겼다. 여행을 갈 때는 휴대폰만 들고 가지만, 요즘에는 휴대폰 카메라에 전문가 모드가 있어 그것만 활용해도 훌륭한 사진을 찍을 수 있다.

여행은 1년에 2번 정도 해외로 나가고, 국내는 수시로 다닌다. 해외에 장기체류는 할 수 없지만, 나에게는 최대 10일이라는 휴가가 있다. 그것을 활용하면 여름과 겨울, 두 번은 나갈 수 있다. 비록 짧은 기간이지만, 그때만큼은 무조건 내가 가고 싶은 나라로 간다. 여행을 다니다 보니 여행 책에도 관심이 생긴 건 당연하다.

책은 정말 다양하게 보았다. 대부분은 자기계발 및 성공 스토리, 혹은 디자인이나 예술 관련 책이지만, 가끔은 소설이나 혜민 스님같이 위로가 되는 책도 찾아본다. 가능하면 특정 장르에 한정하지 않으려 한다. 눈에 보이는 대로, 내 마음이 끌리는 대로 읽으려 한다. 그것이 소설이든 역사 책이든 디자인 자료든 말이다.

경험으로 깨달은 것이지만, 책은 읽으면 읽을수록 자신감과 지식을 준다. 몰랐던 내용도 알게 되고 새로운 사실도 알게 되는 게 그렇게 재미있을 수 없다. 지금도 시간이 날 때마다 책을 꺼내서 읽는다. 그때마다 나는 항상 느낀다.

'아, 정말 책은 나를 배신하지 않는구나. 항상 도움을 주고 폭넓은 생각을 할 수 있게 해주는구나.'

서점에 꽂혀 있는 책들을 보며, 가능하면 많은 책을 읽으려 한다. 더 많은 책을 읽는 것이 나의 목표라면 목표다. 가끔은 나 자신이 대견스럽다. 예전의 나는 글씨가 빼곡한 책에 손도 대지 않았다. 읽기만 하면 내용도 들어오지 않고 잠만 쏟아졌기 때문이다. 책은 어렵다고, 글씨만 가득해서 너무 싫다고, 재미없고 지겹다고만 생각했는데, 작년 힘들었던 경험으로 책을 찾았을 때부터 책은 전혀 다른 모습으로 내게 다가왔다.

'와 책이란 게 이렇게 재밌는 거구나! 그전에는 왜 몰랐지? 좀 더 다양한 책을 읽어봐야겠다.'

책은 그처럼 나에게 특별한 존재가 되었다.

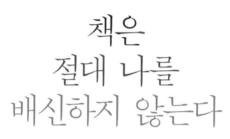

03

책은
절대 나를
배신하지 않는다

∨

책을 쓴 이후 내 모습은 어떻게 변할까?

다른 건 몰라도, 회사에서 맡은 업무 혹은 관심 있는 취미에 대해서는 전문적인 사람이 되어있으면 좋겠다. 그리고 어떤 일에든 유식하고 당당한, 그리고 자신감이 넘치는 여성이 되기를 바란다. 꼭 그러고 싶다. 현재의 나는 회사에서 주어진 업무만 할 뿐, 창의적이지도 않고 자신감도 없기 때문이다. 책을 쓴다고 나의 성향이 어디 바뀌겠냐만, 적어도 지금보다는 더 노력하고 극복하여 조금이나마 변화된 모습을 보여주고 싶다. 이것이 바로 내가 책을 많이 읽으려는 이유이다. 책을 읽으면 지식이 쌓이고 어딘가 모르게 똑똑해지는 기분이 들지 않는가?

현재 나는 누군가의 도움을 받으며 이 책을 쓰고 있다. 정말 바쁜데도 지켜야 되는 약속 때문에 틈나는 대로 글을 쓰고 또 수정하고 있다. 지금은 공동 저서를 쓰고 있지만, 다음 언젠가는 개인 저서를 쓰는 것이 꿈이다. 회사 일과 병행하는 게 조금 어렵긴 하겠지만, 언젠가는 해낼 수 있으리라 믿는다. 그러기 위해선 긴 글이든 짧은 글이든 매일 조금씩 써봐야 할 것이다. 또한 시중에 출간된 다양한 책들을 틈틈이 읽는 습관을 들인다면 글을 쓰는 양도 늘어나지 않을까 싶다.

또 다른 꿈은 내가 지속적으로 즐길 수 있는 취미와 관련된 일을 하여, 다른 사람들에게도 도움을 주고 나 자신도 즐기는 삶을 사는 것이다. 어차피 일을 계속할 거면 재미있는 일을 하는 게 낫지 않을까? 앞으로 어떤 일을 하게 될지는 모르지만, 가능하면 나 스스로 만족하며 즐거워하는 일을 하고 싶다. 그런 일을 한다면 분명 더 행복할 수 있을 것이다.

내 꿈은 예전이나 지금이나 거의 비슷하다. 내 명의로 된 가게를 차려서 그림도 그리고, 그것을 제품화시켜서 전시도 해 보고, 사람들이 좋아한다면 팔기도 하는 것이다. 물론 꿈으로 끝날지도 모른다. 먼 미래에는 가능할 것 같기도 하다. 솔직히 돈만 있으면 지금 당장이라도 못할 건 없다. 하지만 사회 초년생에게 기대할 일은 아닌 것 같다. 현실적으로 그 가게를 유지할 수 있을지, 아니 근본적으로 내가 잘할 수 있을지부터 자신이 없다. 그래서 지금은 꿈일 뿐이라고 하는 것이다.

하지만 10년 후든 20년 후든 나는 그 꿈을 꼭 이루고 싶다. 현재 회사를 다니며 차근차근 돈을 모으고, 아이템을 생각하는 등 다양한 준비를 하여, 꼭 내 명의로 된 공간을 만들 것이다. 정말로 허황된 꿈이 아니기를 바란다. 간혹 주변 사람들 혹은 성공한 사람들의 이야기를 듣다 보면 본인들이 행복해하는 일을 한다고 하는데, 나로서는 부러울 따름이다. 나이가 많아도 직장을 포기하고 본인들이 원하는 일을 한다는 사람들을 보면, 정말 대단하다는 생각밖에 들지 않는다. 혹은 '돈이 많은가?' 하는 생각도 들어 약간의 질투가 나기도 한다. 어쨌든 본인이 좋아하는 일을 하려면 많은 돈과 시간이 필요한 건 사실이다.

그렇다면 나는 많은 돈을 벌어야 하고, 그러려면 또 회사를 잘 다녀야 한다. 결국 일이 좋아서가 아니라 돈 때문에 다니는 것이다. 그렇다고 내가 하는 일이 완전히 싫다는 건 아니다. 디자인과 자재 지원 업무는 재미있다. 반복해서 하다 보면 조금 실증이 날 때도 있지만, 그래도 디자인은 남들이 하지 못하는 전문적인 분야라 나름대로 프라이드가 있다.

'이 업무들이 쌓이고 쌓이면 더 성장할 수 있겠지?'

나는 현재 사무실에 가만히 앉아서 일을 할 때가 많은데, 그것보다는 외근 나가는 것을 더 좋아한다. 그 이유는 많은 것들을 보고 듣고 느낄 수 있어서이다. 그것이야 말로 진정 나에게 힐링이 되는 일이다. 아, 물론 혼자 외근을 나간다는 전제에서 하는 말이다. 다른 사람 특히 선임과 함께 나가면 업무적으로 도움이 되는 것들만 리서치해야 하므로, 내가 원하는 만큼 마음껏 보고 듣고 느낄 수 없다. 요즘엔 거의 외근이 없는데, 그럴 때마다 항상 답답하고 몸이 쑤신다. 난 나가고 싶은데 팀 분위기는 그렇지 않다. 그렇다고 업무 외적으로 나가자니 눈치가 보인다. 핑계를 댈 만한 것도 없다. 그래서 스트레스를 풀고자 방송댄스를 하는 것이기도 하다.

방송댄스를 하면 정말로 스트레스가 풀린다. 워낙 춤추는 것을 좋아하기에 사실 신나는 음악만 나오면 저절로 몸이 반응한다. 전에는 스트레스를 온전히 받고 그걸 유지한 채 퇴근해야 했다. 가족과 주변 지인에게 화만 내기 일쑤였다. 몸은 몸대로 아프고 마음은 마음대로 상해서 항상 병자 같았다. 진짜 그때 생각만 하면 어떻게 버텼는지 나 자신이 참 안쓰럽다. 그러다보니 정말 별생각을 다 했었다. 휴직계를 내지 않았다면 난 어떻게 되었을지 모른다.

그래도 9시에 출근하고 6시에 퇴근하여 저녁의 삶이 보장되는 걸 보니, 내가 다니는 회사가 참 좋은 회사인건 맞는 것 같다. 그래서 하루 종일 앉아서 일하는 것도 감사하게 생각한다. 아무리 외근을 좋아한다지만, 너무 덥거나 추운 날에 나가는 외근은 상상만 해도 끔찍하다. 지금처럼 가끔 거리를 만들어서 외근을 나갈 때 숨이 확 트이는 느낌을 받는 것만으로도 만족한다. 퇴근 후에 어느 카페에 앉아 여유롭게 마시는 커피 한 잔은 또 어떤가? 이렇게 열심히 일해서 언젠가는 내 마음대로 일하고 싶은 날을 기대한다. 꿈을 이뤄 내 가게를 차리는 것이 좋겠지만, 여전히 회사에 남아 있는 것도 그리 나쁘지 않다. 다만 사무직이 아니라 현장 직이면 좋겠다. 물론 현장도 나름대로 고충이 있겠지만, 갑갑한 사무실에 하루 종일 앉아 있는 것보다는 나을 것 같다. 경험적으로도 외근을 나가 현장에 있을 때 일을 더 잘했다. 현장에 가면 챙겨야 할 게 많아서 그런지는 모르겠지만, 나는 더 빠르게 움직인다. 내가 그 업무의 담당자임을 인지시켜 주기 위한 행위일 수도 있지만, 어쨌든 그런 모습이 주변 사람들에게 믿음을 주는 것 같다. 당연히 칭찬도 받고, 인정도 받는다.

하지만 우선은 현재의 회사, 현재의 팀에서 많은 일을 경험해보고 관련 공부도 하며 지식을 쌓아야겠다. 책을 쓰는 것도 꼭 해야 할 일이다. 휴일도 반 정도를 할애하여 책과 친구가 되는 일을 게을리하지 말아야 한다. 그렇게 경험과 지식과 교양을 쌓고 전문성을 갖춰 나간다면, 언젠가는 180도 변화된 나를 발견하게 될 것이다.

꿈을 향한 차분하면서도 꾸준한 준비, 그것을 위해 파이팅!